超コミュカ

溝通力不是天賦，而是技術

田村淳教你大受歡迎的說話祕訣

田村淳——著　林詠純——譯

和初次見面的人聊不起來。

沒有自信能夠讓聊天的對象開心。

聊天的時候，總是不自覺地只講自己的事情。

一旦聊天人數變成三人以上，就會突然安靜下來。

面對需要顧慮的對象時，無法說出自己想說的話。

話說回來，我根本對別人沒有興趣。

不要說和別人了，甚至連和家人都不知道怎麼聊。

羨慕那些能夠迅速融入職場環境的人。

不知道該如何與上司、部下相處。

這本書就是要
獻給有這些想法的人。

前言

「不擅長溝通」，純粹是誤解

「你擅長與別人溝通嗎？」

我經常向遇到的人提出這個問題。

但幾乎沒有人會回答：「是的，我非常擅長與人溝通。」即使在我長年身處的演藝界，能這樣回答的人也不多。

由此可見，抱持著「自己不擅長溝通」的想法生活的人，比比皆是。

那麼，為什麼這麼多人都認為自己不擅長溝通呢？原因在於人們對於溝通有這樣的刻板印象——必須與別人流暢對話，順暢且清楚地傳達自己的想法，這樣才算溝通。這種刻板印象對人灌輸了「溝通力低落」的自我形象。

但是我可以斬釘截鐵地告訴你，這樣的刻板印象只是幻想。

「自己不擅長溝通」，純粹是誤解。

這本書的誕生，就是為了讓你發現這點。

工作、合夥、戀愛、親子、家人、朋友、社區交流、銷售產品、人際往來。所有的關係，都靠溝通建立。

這意味著，只要提高溝通力，就能簡單地讓人際關係變得順利。

我很幸運，周遭有很快就能與剛認識的人打成一片，並獲得別人喜愛的人。這些人一般被稱為「溝通能力強的人（＝溝通力怪物）」。

我對人類有著極大的興趣，擁有旺盛的好奇心，所以一直在觀察這些人。而我在觀察的過程中，注意到一件事情。

那就是——

「溝通力強的人並沒有特別做什麼。」

他們沒有做什麼特別的事情，例如說話流暢，或是讓人捧腹大笑等。他們只是貼近對方，徹底執行溝通的基本原則。

不過，多數人都沒有發現這些「小技巧」，實在太可惜。這些人並非缺乏溝通的天分，只是因為不知道而吃了虧。

只要稍微留意，溝通技巧誰都可以學會。即使是口才不好或害羞的人，也能從現在就開始輕鬆實踐。

光是掌握這些小技巧，就能大幅改變你的人際關係。

我還有另一件事情想說，那就是這本書是：

「只為了吸引好人脈」而寫的。

不是教你如何避免被合不來的人討厭，與他們融洽相處的指南。

這是為什麼呢？因為與合不來的人要相處融洽非常困難。

即使暫時處得不錯，讓合不來的人喜歡你，但得隨時顧慮他們的感受，不只浪費時間，更重要的是會造成壓力。

與其這樣，不如專注在被和自己投緣的人喜愛，與這些人一起幸福生活，如此一來，絕對能讓人變得更幸福。

因此這本書將專注於傳授「只吸引投緣的人」的方法。

雖然很容易被誤會，但我並非天生就擁有高度的溝通力。真要說起來，我甚至有些怕生，在班級裡的存在感也只是中等偏下的程度。國中的時候，第一次交往的女孩子也因為「和小淳聊天好無聊」，短短一個禮拜就把我甩了。

我認為這樣的我能夠進入演藝界，並且一路走到今天，靠的並不是自己的表演技術或談話能力，而是因為我比任何人都更加專注於「溝通力」。

因此在本書中，我的身分不是藝人田村淳，只是一個比你更早開始磨練溝通力的普通人。我將站在普通人田村淳的立場，分享自己的經驗。我會傳授大家自己經歷多次失敗後，從中學到的「任何人都能做到的簡單技巧」。

只要提高溝通力，就能改變你每天的生活。你將變得更受人喜愛，無論是在工作上還是私生活，都會遇到更多好事。

而達成這個目標的關鍵技巧一點也不難。

「咦？小淳，你竟然寫這麼簡單的事情？」你說不定會這麼想。但這是最最重要的，而且是很多人都沒有做到的事情。

本書即將開始，希望各位能夠掌握這些小技巧，提升自己的溝通力，從中獲得豐碩的果實。

再說一次，溝通力輕鬆就能獲得。

第 1 章

輕鬆掌握溝通力

第2章

掌握訣竅！不怕面對陌生人與合不來的人

第3章

溝通力為你撐腰

第4章

改善人際關係的溝通力

第5章

如何吸引真正的好人脈

第 1 章

輕鬆掌握溝通力

01

溝通力不需要「高超的表達能力」

「表達能力＝溝通力」純屬幻想

首先，請回想一下你周遭的人。

你是否想到了一、兩個總是成為眾人目光焦點，並帶動現場氣氛的人氣王呢？

看到這樣的人，你或許會覺得「這個人天生就有吸引人的溝通力」。

但是，我可以斬釘截鐵地告訴你。

溝通力不是天賦，而是技術。

從現在開始，你也可以把自己打造成受歡迎的人。

很多人都對溝通力存在著一項誤解。

那就是「表達能力好的人，溝通力就高」。

了解溝通力與簡報力的差異

聽說近年來，參加表達能力講座的人越來越多。這或許證明了很多人都誤以為「如果表達能力不佳，就無法與他人良好溝通」。當然，表達能力或許也很重要。

然而請各位想想看。

在與別人對話時，「表達能力好」真的是那麼重要的事嗎？

讓我們來思考一下很多人在被問到「哪些人的表達能力好？」時會列舉出來的對象，例如播報員。

播報員的確是專家。

但播報員雖然是「表達的專家」，卻不一定是「對話的專家」。

單向的傳達在專業術語中稱為「簡報」。

反之，與他人對話則稱為「溝通」。

簡報是單方面對人群傳遞資訊。

溝通卻是與他人的心靈交流。

由此可知，「表達」與「溝通」極為相似，因此往往被相提並論，但實際上卻有著很大的區別。我認為就是因為簡報與溝通被混為一談，才導致許多人失去自信。

請你再次回想一下。

住在附近的超人氣歐巴桑、總被人簇擁的朋友、公司裡深受上司喜愛的同事……

你身邊的那些「溝通力怪物」，想必更擅長「與對方交流情感」，而非「傳達訊息」。

換句話說，從對話的觀點來看，比起那些磨練話術、能夠流暢地單向傳達的人，那些表達能力雖然不是那麼好，卻能抓住對方的心、打動對方情感的人，更具備「高超的溝通力」。

如此一來，我想各位都已經了解到「表達能力」並不是溝通中的必需品。

對方說話時是否愉快呢？

那麼，你是否已經擺脫了「必須提升表達能力」這項多年來的偏見呢？在你理解這點的前提下，我將在此寫出本書最想傳達的內容。

真正的溝通力，不在於表達能力，而在於傾聽能力。

傾聽能力更具體，且更大聲地說，就是——

讓對方愉快說話的能力。

不是自己流暢地表達，而是讓對方感覺「和這個人在一起就會不知不覺聊太多」的能力。

換句話說，能否優先考量對方而非自己，才是決定你溝通力的關鍵。

提出讓對方愉快的問題、做出讓對方愉快的反應、讓對方愉快地說話，這就是超溝通力。

而這也是本書的主軸，首先請務必牢記。

田村淳流
提升溝通力
獲得好人緣的祕訣

01

隨時把「讓對方愉快地說話」放在心上。

— 02 —

「溝通力怪物」為何能成為怪物？

輕易就能改變印象

常有人對我說：「小淳真是個『溝通力怪物』啊！」

這真是令人感激的讚美。

我回顧自己三十年來的藝人生涯，可以斬釘截鐵地說：「我能夠走到今天，依靠的就只有溝通力。」

同時，我周遭也存在著許多「溝通力怪物」。

但經過我仔細研究後，發現這些人都沒有做什麼特別的事情。

他們只是持之以恆地去做一些每個人都能輕鬆做到，但大多數人都不會去做的事。

正是這種堅持的態度，讓這些人成為了「溝通力怪物」。

雖然簡單，但大多數人都不會去做的事

大多數人都不會去做有幾個原因。

第一，他們不知道這些方法的威力。

第二，因為「害羞」。

第三，很少有人認真告訴他們「這麼做很重要！」

而最後第四個原因，則來自「這麼簡單的事情不可能成功」的偏見。

這些原因導致大多數人不採取行動，所以就在溝通中失敗了。於是，他們就被「因為自己表達能力不佳，所以缺乏溝通力」的錯誤偏見困住，盲目地大量閱讀說話技巧的書籍，或是到處參加說話課程。

至於「溝通力怪物」則冷眼旁觀這些人，腳踏實地做好基本功，輕鬆地抓住人心。

儘管他們採取的方法沒什麼大不了，卻能讓對方無意識地感受到「啊，這個人認真地對待我」，進而喜歡上他們。

這些技巧非常簡單，簡單到讓你跌破眼鏡，覺得：「竟然就這樣？」然而，正如同先前所說的，這麼做的人出乎意料地不多。

這代表如果你能夠掌握這些技巧，就能輕鬆地與周圍的人拉開差距。

「溝通力怪物」的六個行動

首先將「溝通力怪物」在對話中所做的事情整理成重點。

①露出讓對方安心的笑容。
②依時間、地點、場合運用表情。
③掌握點頭時機。
④開口就先肯定。
⑤不展現優越感。
⑥提出讓對方容易開口的問題。

如何？或許你會懷疑：「就這麼簡單？」

但只要有意識地掌握這六點，你就能輕鬆獲得超溝通力，距離「溝通力怪物」更接近。

希望你務必善加運用，接下來將逐一具體介紹這些方法。

田村淳流
提升溝通力
獲得好人緣的秘訣
02

了解「溝通力輕鬆就能獲得」。

輕鬆獲得超溝通力的六個行動

① 露出讓對方安心的笑容

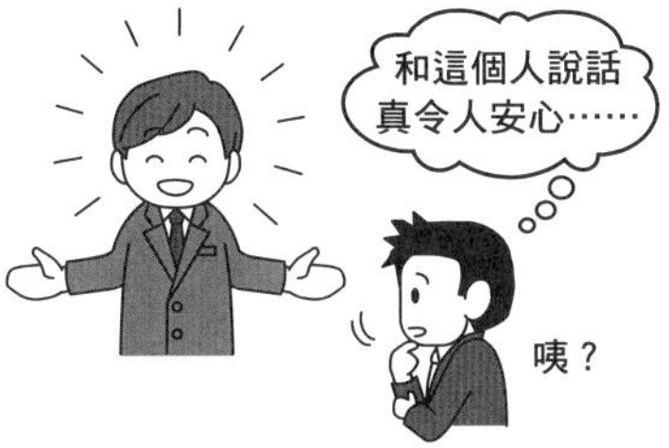

② 依時間、地點、場合運用表情

③ 掌握點頭時機

④ 開口就先肯定

⑤ 不展現優越感

⑥ 提出讓對方容易開口的問題

03 讓自然的「笑容」成為習慣

給容易被誤會為「正在生氣」的人

笑容是獲得溝通力不可或缺的要素。

在看到別人露出笑臉時，沒有人會留下壞印象吧？

不過，許多人都很害羞且不擅長將情緒表現在臉上，甚至還有人以為自己已經露出笑容，卻反而被問：「你在生氣嗎？」

如何？你是否也有過其實很開心，卻被問「你在生氣嗎？」「你很難過嗎？」的經驗？

如果常被別人問「你在生氣嗎？」，最好要有「自己說不定已經吃虧了」的自覺。

如果只是因為不擅長表露情緒就比別人吃虧，那真是太可惜了。

這種人的「情緒」與「表情肌」沒有連動。

簡單來說，就是無法露出自然的笑容。

表情可以透過訓練改變

為了不在表情上吃虧，請先訓練表情。

雖然說是訓練，不過方法非常簡單。

請先把書放下，現在立刻去洗手臺。或者把鏡子拿到桌上，看看自己的臉。

接著請面對鏡子，盡量把嘴角上揚，維持笑容三十秒。

如果還不到三十秒就覺得臉頰疼痛，絕對是平常笑得不夠。我們的臉上有表情肌。而表情肌顧名思義，就是肌肉。倘若平常不習慣使用，很快臉頰就會感到疼痛。簡單來說，就是臉部運動不足。

嘴角上揚，保持三十秒。

只要做這項練習，你就會發現總有一天疼痛會消失，嘴角持續上揚多久都可以，如此一來就能露出自然的笑容。

接著請隨時透過鏡子觀察自己的表情。

「我的笑容在別人眼中是什麼樣子？」

「我在聽別人說話時是什麼表情？」

養成仔細檢查的習慣。

我在還不紅的時候，也每天重複這項練習。記得剛開始還因為自己的情緒與表情竟然如此地不連動，而感到非常沮喪。

為了培養良好的笑容，我在出門時、從電車窗戶的反射看到自己的臉時、表演前在休息室時等各種不同的場合，都養成透過鏡子確認自己表情的習慣。

即使到了現在，我在網路上直播的時候，也會準備一部放在畫面外的智慧型手機，開啟攝影鏡頭，並在拍攝時隨時確認自己的表情。

良好的表情必須透過持續的習慣養成。

剛開始的時候，即使一度對自己的笑容產生信心，一段時間後也可能打回原形，所以需要有意識地持續訓練。

最初就算是假笑也沒關係。請不要放棄，養成每天照鏡子的習慣。

田村淳流
提升溝通力
獲得好人緣的祕訣

03

使用鏡子或手機，訓練自己的笑容。

為了避免因表情而吃虧
請培養出自然的笑容

表情可以透過平常的訓練改變

請養成每天照鏡子露出笑容的習慣。

04
「表情」比語言更具說服力

控制你的笑容

當你覺得自己已經能夠自然露出笑容後，接下來就以配合各種情境調整笑容為目標吧！

請看著鏡子觀察：

「自己一〇〇％的笑容是什麼樣子？」

「一〇％的笑容是什麼樣子？」「二〇％的笑容呢？」

像這樣調整笑容的程度。

當你學會根據時間、地點、場合自由控制笑容後，溝通力將會大幅提升。

練習配合對方說話內容的表情

人會面對各種情境。笑容再怎麼重要，還是有絕對不能笑的場合。

舉例來說，如果在對方為了你好而認真說教的時候嘻皮笑臉，惹對方生氣也只是剛好而已。

這時表情的重點是「配合對方說教內容的認真眼神」。分辨表情使用的場合非常重要，例如：

反省時↓緊咬嘴唇。

對方認真說話時↓嘴唇閉成一條線。

無法認同時↓噘起嘴巴。

驚訝時↓張大嘴巴。

驚訝或高興時↓瞪大眼睛。

表情是非語言溝通的一部分，表情變化是比語言更能將心情傳達給對方的重要元素。

比對方更貼近他的情緒

心理學中有一個專業名詞叫做「鏡射」。

這個名詞簡單來說，就是「與對方做出相同的表情」。

人在無意識間，會對與自己做出相同行動或表情的人感到安心，並對他們產生好感。

所謂的「看場合」，其實就是與對方做出相同的表情。

但溝通力怪物在這個時候會做得更進階。

所謂的更進階，就是「做出超越對方情緒的表情」。

當對方開心時，他們會露出更加開心的笑容。

當對方快樂時，他們會露出比自己更快樂的表情。

當對方難過時，他們會表現得更加悲傷。

當對方因為某件事而生氣時，他們的表情則顯得比發生在自己身上更加憤怒。

如果你能夠根據時間、地點、場合，靈活運用語言與非語言這兩種不同的傳達手段，你也能成為溝通力怪物的一員。

田村淳流
提升溝通力
獲得好人緣的祕訣

04

擁有多種適用於各種場合的表情。

05

有意識地「點頭」

獲得好人緣的最佳動作

能夠傾聽對方說話的人總是受歡迎。

「點頭」，可說是溝通力怪物的最強武器。

只要點頭就能獲得好人緣，那麼試試也無妨。

不過，多數說自己不擅長溝通的人卻都吝於點頭，讓人忍不住想問問他們：

「是有根鋼管插在你脖子後面嗎？」

對方並不期待你說出多精采的話，只是希望自己的話能夠獲得共鳴。

請記住，點頭的人能夠獲得喜愛。

我在參加電視、廣播、YouTube 節目時，最注意的就是點頭。希望各位今後務必從這個角度來觀察我。

點頭的關鍵時機是「逗、句點」

溝通力怪物在聊天時，一定會點頭。

僅僅只是配合對方的話語，在恰到好處的時機點頭，就能帶給人安心感，讓對方覺得「這個人真的有認真聽我說話」。

「原來如此，總之我只要點頭就可以了吧？」

你可能會如此理解，但點頭可不只是上下晃動脖子那麼膚淺的事情。

首先，最重要的就是要在「說話的逗、句點」點頭。

配合逗、句點的時機點頭，就能與對方的節奏保持一致，讓對方說話時心情愉快。

至於這個技巧的練習方法，則推薦在閱讀時，配合逗、句點加上「嗯嗯」「原來如此」「是這樣啊」之類的回應。

雖然閱讀看起來是一項孤獨的作業，但本質卻是與作者的單獨對話。周圍也沒有人看著，因此非常適合練習。

所以，先試著用這本書來練習點頭吧！

點頭要有強弱之分

此外，點頭還有另一個重點。

就是視情況靈活運用不同種類的點頭。

同樣都是點頭，也有出聲的點頭、不出聲的點頭、大力點頭等許多不同的類型。

而其中最能發揮效果的，就是留意點頭時的「輕重」。

如果對話時覺得「這是對方的關鍵字」，就請大力點頭。能否看穿對方的關鍵字，是展現傾聽功力的最佳機會。

倘若配合得好，對方對你的安心感就會大幅提升。

田村淳流
提升溝通力
獲得好人緣的祕訣

05

養成理解對方說話內容並點頭的習慣。

溝通力怪物的最強武器就是熟練地運用點頭

在說話的逗、句點點頭

換句話說～，
點頭的時機！
所以呢～，
點頭的時機！
～就是這麼一回事。
點頭的時機！
和這個人
說話時，狀態都
很好呢……

區分點頭的強弱

「出聲的點頭」　「不出聲的點頭」　「大力點頭」

嗯！
然後呢？

讓對方跟上對話的節奏　展現認真傾聽的態度　表達自己十分同意

請根據想要展現的印象，運用強弱不同的點頭！

06

獲得超強溝通力的「點頭訣竅」

點頭也有多樣性

為了成為點頭達人，必須找到獨一無二的點頭組合。溝通力怪物都會有意識地運用各種不同的點頭方式。

無論出聲與否、脖子如何擺動、做出什麼樣的表情，這些非語言的部分都會影響對方的感受。

前一篇也介紹過，點頭的方式有各種不同的變化，例如：

「出聲」「不出聲」的點頭，力道與次數，也有「大力點頭」「輕輕點頭」「連續點頭」等。

剛開始先輕輕點頭，當對方說出最重要的關鍵字時再大力點頭，就能獲得對方的信任。

此外，改變點頭次數也很有效，例如不只點一次頭，而是連續點兩次頭，或是點三次頭。這麼一來，就能積極展現出「想聽你講更多」的態度。

注意傾聽的「姿勢」

人在認真傾聽時，身體會無意識地前傾。

這代表只要反過來，有意識地做出這個動作即可。

對方看的不是你的內心，而是你的姿態。突然把身體往前傾，更能向對方展現「我對你感興趣」的態度。

這時的關鍵在於「椅背」。靠在椅背上，難免會帶給對方傲慢或是有壓迫感的印象。

最後介紹我經常使用的技巧，那就是把身體往後仰。邊發出「哇」的聲音，邊把身體往後仰，就能向對方展現自己真的很驚訝。

區分「點頭」與「同意」

「我既不認同對方的發言，也對他說的沒有共鳴，實在無法點頭認同。」我在強調點頭的重要性時，經常會遇到這個問題。

不過，點頭的時候，不一定要認同對方的話，也不需要有共鳴。

點頭這種肢體語言的目的是給予對方安心感，讓對方知道「我理解你想表達的意思」。

如果還是感到抗拒，那麼就將點頭想成「我理解你所說的是什麼意思」即可。

聽對方說話時如果沒有反應，會帶給對方無形的壓力。

如果你不希望與對方建立良好關係就算了，但如果希望與對方心靈交流，那麼請先將點頭視為一種暗號來使用，目的是為了表達你理解對方想說的。

對方往往會因為點頭所帶來的安心感而敞開心扉，進而說出真正想說的話。

當你在對方的話語中找到真正有共鳴的部分時，再發自內心大力點頭即可。

「點頭是一種向對方示好的行為」，這樣理解絕不會吃虧。

田村淳流
提升溝通力
獲得好人緣的祕訣

06

運用點頭向對方示好。

點頭是向對方展現好意或表達同意的手段

有意識地運用無意識做出的姿勢

原來如此！
前傾
他很認真
聽我說話呢！
哇！！
身體往後仰
竟然
這麼驚訝！

區分「點頭」與「同意」的使用時機

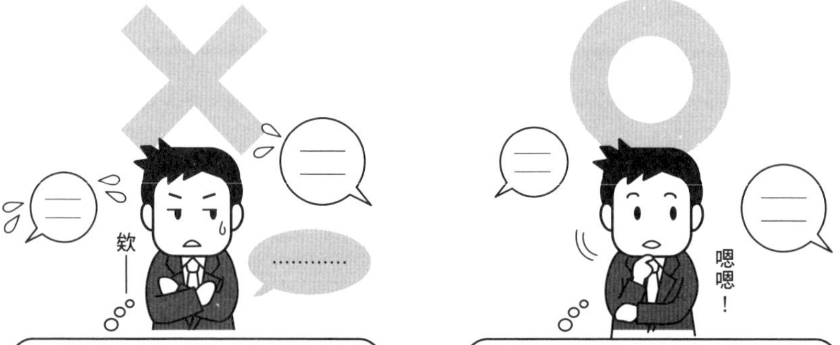

欸——
…………
嗯嗯！

不認同或沒有共鳴時無法點頭

↓

只會帶給對方壓力

表示理解的點頭

↓

理解彼此的內心
有時也會產生共鳴

07

不用白不用！田村淳流「SNS三句魔法」

高明的對話像太極拳

「不不不」「但是……」「就算你這麼說……」

不少人在無意識當中，以這樣的否定語句開啟對話。但如此一來，永遠都無法與對方建立良好的關係。

溝通力怪物的對話，必定從肯定語句開始。

「很棒耶」「聽起來不錯」，他們在聽別人說話時，總是會加入這樣的附和。

溝通力高的人，會積極地使用：「很棒耶！」

無論對方是部屬還是孩子，當對方提出意見時，他們都會有意識地不斷使用「很棒耶！」來給予對方肯定。

良好的溝通就像太極拳。

隨時思考如何使這段對話變得更積極，並且像太極拳一樣利用對方的力量（話語）來拓展話題。

而「很棒耶！」就是入門。

三句話提升溝通力

每個人在內心深處都渴望得到共鳴與認同。而有一個能夠滿足這種需求的行動，那就是在「很棒耶」之後，再加上輕鬆打開對方心扉的魔法詞彙。

這組詞彙，就是田村淳流溝通術的「SNS三句魔法」。

（譯注：SNS也爲「社群網路服務」之雙關語，此處的SNS爲日文發音

的字首。）

這和佛教的咒語沒什麼關係，而是：

「好厲害」（Sugoi）「原來如此」（Naruhodo）「是這樣啊」（Sounanda）。

只需要將這三句魔法，添加在前面提到的「很棒耶！」的後面即可。

而在嘗試之前，你一定很想問：「小淳，這麼做真的有效嗎？」會這麼問是因為你還沒體驗過田村淳流「ＳＮＳ三句魔法」的威力。

不過當你嘗試之後，說不定就會後悔：「我怎麼沒有早點這麼做呢？」

小學生的實驗

「好厲害」「原來如此」「是這樣啊」。

我真心認為這三句話應該列入義務教育。

因為我覺得只要掌握這三句話，就會大幅降低在往後的人生中因為溝通而吃虧的機率。

有一件事讓我再次意識到這點。

距今十四年前，我曾前往自己的母校、山口縣彥島的下關市立江浦小學演講。

當時我將「SNS三句魔法」傳授給孩子，並且給他們一項作業作為實驗，請他們到附近的商店街嘗試使用這三句話。

我請他們詢問在商店街工作的人各種問題，並且針對回答不斷地重複「好厲害」「原來如此」「是這樣啊」。

結果發生什麼事呢？

大人聊到欲罷不能，滔滔不絕地講下去。

理所當然地，這些孩子聽到許多故事，增加了不少知識，更重要的是得到大人的喜愛。如果孩子從小就養成說這三句話的習慣，就已經學會了超溝通力。

但實際上，就是因為缺乏這樣的成功經驗，出社會後才會因為溝通而吃虧。

你可以更輕鬆地獲得他人喜愛！

雖然在開頭已經寫過，但因為是最重要的部分，所以再強調一次。

許多人都有一個錯誤的偏見。

那就是「溝通就是能夠流暢表達」。

其實，建立良好的人際關係不太需要高超的表達能力。但許多人都沒有意識到這點，過度看重「表達」在溝通中的重要性。

為了與對方心靈交流，最重要的就是：

了解對方的需求。

如果不知道對方想要什麼，只是單方面地表達，那麼無論表達得多清楚，都無法達到溝通的真正目的——與對方心靈交流。

而讓對方敞開心扉的最佳方法，就是使用「好厲害」「原來如此」「是這樣啊」這三句話。

怎麼樣？與其強調說話技巧，這種方法是不是輕鬆且簡單得多？

但很遺憾，正如本章所說，許多人都沒有意識到這點。

而這也意味著，只要你懂得運用田村淳式「SNS三句魔法」，你的溝通力就會遠遠高過周圍的人。

請試著將這三句話運用在明天見到的人身上吧！效果想必會好到讓你忍不住笑出來。

田村淳流
提升溝通力
獲得好人緣的祕訣

07

養成說「好厲害」「原來如此」「是這樣啊」的習慣。

良好的溝通
能夠利用對方的力量

你在學生時期
從事什麼運動？
稍微打過棒球……
很棒耶！

首先從肯定對方切入對話

我曾在縣級大賽中
打得不錯喔……
S ugoi
好厲害！
不過第三輪
的對手太強了
N aruhodo
原來如此！
畢竟他們有即將
進入職業界的選手！
S ounanda
是這樣啊！

使用「SNS三句魔法」打開對方的心房。

08 不插話、不打斷、不搶話

「溝通力怪物」會故意裝不懂

如果對方準備要說的事自己已經知道，很多人會不由自主地說出：「這個我懂！」

但溝通力怪物在這種時候會優先考慮對方的節奏，以及「接下來才是重點」的興奮感，而故意假裝不知道這件事。

即使已經知道對方要說什麼，只要一想到「現在應該扮演提問者的角色」，就會故意假裝不清楚。

隨著年齡漸長，人們越來越難裝不懂，因為透過經驗得知的事情越來越多。以上司和部屬為例，上司的經驗絕對遠多於部屬，所以上司往往會在部屬說話時展現出「這個我已經知道了，說得更深入一點就是……」的優越感。

此外，如果自己對於別人所講的領域具備專業級的知識，也會忍不住有話想說。人們對於自己知道的事情，難免想要搶話或插話。

但溝通力怪物卻會運用自己的知識提出問題，幫助對方更容易表達。**「讓對方愉快說話的能力」**就用在這裡。

不打斷對方說話

我自己有一條規則，在面對剛認識的人時，有一件事絕對不會做。

那就是「絕不打斷對方說話」。

不少人在談話途中會打斷別人，這麼做會讓對方覺得「這個人不聽我說話」，進而封閉內心。好不容易才讓對方能愉快地說話，妨礙他不就本末倒置。

人類被形容為情緒化的生物。當情緒高漲時，滔滔不絕地說到情緒平復並不少見。

這時候如果中途打斷對方的話，說不定就會摸到對方情緒的逆鱗，導致事態更加惡化。

所以，即使有些內容不太理解，我也不會打斷對方，反而會邊點頭邊讓對方把話全部說出來。

這樣一來就能獲得對方的信任感，讓對方覺得「即使我變得情緒化，這個人也會讓我把話說完」。

請周遭的人提醒

溝通力低的人毫無例外地會搶話，或者只談論自己的事情。他們會在無意識中透過對話取得優越感。

即使提醒他們「最好多聽別人說話」，他們也的確會熱情地回應「我會注意」，但話題最後還是又回到自己身上，這樣的情況我已經見過無數次。

這代表他們的對話風格已經根深蒂固，因此建議他們麻煩親近的人在「當我開始講自己的事情時請提醒我」。

請將「對話不是自己說話，而是讓對方說話」的原則牢記於心。

田村淳流
提升溝通力
獲得好人緣的祕訣

08

請事先規定自己「對話時，要把別人的話聽到最後」。

打斷對方說話、搶話 絕對NG

搶話的壞習慣一直改不掉

我前幾天去○○公司談生意。
喔！○○公司啊！我很熟喔！
和這個人說話好累喔……
我和負責人XX先生從以前就……
喋喋
不休
不休
喋喋

搶話
會讓對方覺得累

規定自己「要讓別人把話講完」

我前幾天去○○公司談生意。
我的規定
唔……雖然很熟，但這時要忍耐。
抖抖
抖抖
負責人XX先生是個很好的人。
對了……
聊得真起勁！

聊天是讓對方說話
不是自己說話

09

磨練提問力

在「很棒耶」後面加入「提問」

「溝通力，就是讓對方愉快說話的能力。」

而在這當中，大幅拓展對方話題的能力，就是提問力。

假設你問對方：「如果要出國旅行，你想去哪裡呢？」而對方回答：「我想去泰國。」

這時首先要回答他：「很棒耶！」但如果只回答這句話，對話就會結束。所以溝通力高的人會在「很棒耶！」後面，加入與這個話題有關的提問，幫助對方繼續說下去。例如：

「泰國有什麼吸引人的地方呢？」

「就算是泰國，也會想去一些沒去過的觀光景點吧？」

「不花錢的泰國旅行也很有趣，不是嗎？」

像這樣，追加一些讓對方更容易說下去的問題。

不否定對方的意見，只是不斷地肯定，並持續提問，對方腦中就會誕生許多想法。換句話說就是「讓對方愉快說話」。

如果在對話之初，既不肯定對方，也沒有提出問題，劈頭就否定對方的想法，例如「泰國的深山裡，不會因為有很多蟲子而覺得不舒服嗎？」等，對方就很難繼續說下去。

請先用「很棒耶！」肯定對方的意見，再接著思考如果要讓對話發展下去，該提出什麼問題才好。

縮短與對方距離的「最有效提問」

舉例來說，當你問對方：「你想嘗試什麼事情呢？」對方回答：「我想養狗。」

針對這個答案，用學生時期的英文課中學到的５Ｗ１Ｈ來思考，就能順利想出下一個該問的問題。

這次的主題是狗，因此從 What 來思考就是「你想養什麼品種的狗」，從 When 來思考就是「你想在什麼時候養狗」。

而在５Ｗ１Ｈ中，最能縮短與對方距離的問題就是Why，也就是從「為什麼」出發的問題。

以剛才的例子來說，就是——

「你為什麼想要養狗？」

「你為什麼會喜歡狗呢？有什麼契機嗎？」

「你為什麼現在沒有養狗呢？」

從「為什麼」可以衍生出各式各樣的問題，藉此深入挖掘出無限多種話題。

附帶一提，我通常在提出一個問題後，就能立即想出三種「為什麼」。

發揮這樣的反應速度需要經過多年的訓練，但事先預測對方的回答是可能的，請提前在腦中準備多種的「為什麼」。

提問使人更具優勢

站在提問者的立場，在溝通時能夠發揮極大的優勢。你能夠在對方說話時思考問題，產生時間上的餘裕。

或許有些人會覺得我說話很不客氣，但我很少被認真談話的對象討厭。我認為這是因為我始終保持著「我對你的人生感興趣」的態度。

當你煩惱著「初次見面時不知道該說什麼」時，請要求自己「成為提問者」，試著從取得對方的夢想與希望等的「欲望資料」開始吧！

如此一來，你就能置身於有利的立場。

深化與對方的關係不用說，以長遠的眼光來看，也能站到評斷與這個人「合不合得來」的一方。

這就和猜拳時慢出是同樣的道理，能夠大幅降低你輸掉溝通的機率。

田村淳流
提升溝通力
獲得好人緣的祕訣

09

以「為什麼」為中心拓展話題。

10

提問時的四個重點

自我揭露

超溝通力中最重要的項目就是提問力。

而發揮這項能力有四個注意事項。

首先第一個就是自我揭露。

如果只是單方面不斷提問，說不定會勾起對方的疑心。為了避免這種情形，我們應該在提問前先坦率地自我揭露，例如：「我的夢想是〇〇，你的夢想是什麼呢？」如此一來，對方想必就能安心回答。

降低問題的難度

第二個重點是，當對方看似答不太出來的時候，要提出補充問題。

舉例來說，有些人就算只是被問「你想做什麼事」，也會答不出來埋頭苦思。這時請伸出援手給予提示「所謂想做的事情，就算只是想去吃吃看某間知名拉麵店也可以喔！」等，而這也有給予對方時間充分思考的意味。

這麼一來，就能營造出容易回答的氛圍。

一定要表達共鳴

而第三個重點是，當對方給出答案時，要展現理解與共鳴。

好不容易說出想做的事情了，結果提問的人卻沒有反應，甚至立刻又提出下一個問題，會讓被問的人覺得像是在接受審問，無法享受對話的樂趣。

當對方回答「我想養狗」的時候，可以回應「狗狗真的很可愛」等，先接納對方的答案，表達共鳴並暫停一拍，對方就會一下子變得健談。

我認為聆聽對方說話，是表達友善的最高等級。

但這種表達友善的方式，如果稍有不慎，就有招致對方不快的風險，因此請確實遵守必須注意的部分，改善提問的技巧。

不懂的地方要「仔細詢問」

良好的提問方式，來到最後一個重點。

很多人即使在對話中出現不懂的詞彙，也會因為打斷對話很不好意思，而無法坦率詢問：「這是什麼意思呢？」

你說不定也有過這樣的經驗。

附帶一提，遇到不懂的詞彙時，即使對話正在熱烈進行，我也一定會問：「抱歉，這是什麼意思呢？」

面對這樣的行為，有些人會說「小淳聽得這麼認真好厲害」，但我認為不在沒聽懂的情況下結束對話，是最低限度的禮儀。

無法在對話途中說出「我聽不懂」的人，可能在人生的某個階段也有過不問清楚而蒙混過關的經驗。這種成功經驗會讓他們覺得「下次也沒問題」，於是養成了不深入追問的習慣。

但如果你希望提高溝通能力，請改掉過去的習慣，從今以後遇到不懂的事情，明確地將「不懂」表達出來。

聽起來似乎有點嚴格，但如果不這麼做，就相當於不是真心想和對方說話。為了認真傾聽，請坦誠地表達你的疑惑吧！如此一來，對方也會對你產生好感，覺得「這個人真的在認真聽我說話」。

以上，本章具體地傳達了獲得超溝通力的重要事項。重點總結如下：

超溝通力就是用讓人安心的表情，邊聽對方說話邊點頭，絕對不表現自己的優越，並運用「田村淳流ＳＮＳ三句魔法」來肯定對方，以讓對方容易回答的提問拓展話題。

這些原則一點都不困難，也不需要花任何一毛錢。

一開始可能會覺得有點生硬，但我向你保證，只要養成習慣，你的溝通能力就會飛躍性地提升。

田村淳流
提升溝通力
獲得好人緣的祕訣

10

獲得好人緣不需要花任何一毛錢，只有做與不做而已。

發揮提問力的四個重點

①提問從揭露自己開始

我的夢想是
環遊世界，
你呢？
他先說出
自己的夢想，
輕鬆了。

②降低問題的難度

不是什麼了不起的
事情也沒關係啊！
既然這樣……

③追問之前先表達理解與共鳴

哪天想要
養狗。
我懂！
狗狗很可愛～
你老家有養狗嗎？

④不懂的地方要仔細詢問

我有問題！
您剛才說的
「敏捷開發」
是什麼意思呢？
他在試圖理解
我所說的話呢！

第2章

掌握訣竅！不怕面對陌生人與合不來的人

11

了解對方感興趣、關心的事

回想自己的成功模式

不少人都擔心與人初次見面的情況。不，其實應該說，大多數的人都覺得自己不擅長面對陌生人吧？

據說日本人的這種傾向更明顯。其中最主要的煩惱就是：**不知道初次見面時該說什麼**。

初次見面時，不清楚對方的興趣理所當然。

這時請回顧一下，你至少也有一、兩位朋友吧？這代表你在過去也曾有過和別人熟稔起來的經驗。

首先請你回想與這些人熟稔起來的契機，一定可以從中看見某種規律。

「原來如此，我在這種時候容易與人熟稔起來啊！」

當你找到當初的模式或這些經驗的共通點時，就能大幅減少初次見面的溝通煩惱。

只要像這樣事先準備好自己在對話中的成功模式，就能邁出克服怕生的一大步。

了解對方興趣的最強提問

「自己的成功模式？我想不太起來耶。小淳，你能不能告訴我什麼好方法？」

想不起自己的成功模式，但是明天又必須去見未曾謀面的人。為了解決這種緊急情況，就讓我來傳授私藏的密技。

面對初次見面的人時，效果最好的方法就是：**問對方今後想做什麼事**。

「想做的事？絕大多數的人都沒有想做的事吧？」你或許會這麼想，但我說的「想做的事」不分大小。可以是「想去宇宙！」這樣的遠大夢想，也可以是「想去最近新開的拉麵店」這種微小的願望。

這個問題的目的是「取得對方的『欲望資料』」。

只要了解對方想做的事、感興趣或關心的事等「欲望資料」，之後的溝通就會變得非常輕鬆。

因為人們在談論自己感興趣的話題時，會迅速地打開心扉。

舉例來說，當別人提供他感興趣或關心的事時，你可以告訴他第三者的存在：「我認識一個非常懂那個領域的人喔！」或是提供解決方案：「如果用這個方法不就能夠實現了嗎？」又或者表達共鳴：「真是個超棒的夢想。我完全可以理解。」一口氣加深彼此的關係。

田村淳流
提升溝通力
獲得好人緣的祕訣

11

詢問對方「想做的事情」。

12

初次見面的重要事項

令人遺憾的「典型」約會

我從最近因為工作而認識的女性口中，聽到了這樣的事情。

她和某位別人介紹的男性第一次單獨去吃飯，過程中都是她自己提出問題，對方完全不問她任何事。

直到最後都是這樣的溝通模式，道別時這位女性問道：「你是不是對我沒興趣？」男性卻回答：「沒有這回事。我玩得很開心，下次還想再和妳見面。」

但卻沒有「下次」了。後來他們再也沒有聯絡，兩人似乎就只吃過這麼一次飯。

我聽到這件事時覺得非常可惜。

但我覺得可惜的不是男性，而是女性。

如果我站在這位女性的立場，當我覺得對方都不提問的時候，就會立刻問他：「你是不是對我沒興趣？」

如此一來就能更快得到答案，兩人的距離也會因此而改變吧？

盡早表達自己的感受

日本人往往會因為「說這種話或許會被討厭」，而忍著不表達對別人的不滿或疑惑。

但如果盡早表明，不要忍耐，或許就能改善關係。因為沒有這麼做而疏離，實在太可惜。

為了避免錯失良機，我會在初次見面的時候，盡快把自己的心情告訴對方。

對於那些「我還是不敢說」的人，我會建議他們盡量以輕鬆的方式表達。例如先前的情況，請輕鬆笑著說：「你看起來對我完全沒興趣呢！」之類的。

如此一來，對方或許就會坦率地說出自己的感受，例如「我太緊張了，根本顧不了其他事」。

不過老實說，如果是初次見面的約會，還是會希望男性能夠主導對話！

緊張時更需要提問

「我好不容易有機會和仰慕的人說話，卻因為緊張而說不出話來。」

我想任何人都有過這樣的經驗。

現在或許難以置信，但我在剛出道時也發生過同樣的事情。

那次我藉著工作的機會，第一次見到自己非常喜歡的女演員。

我高興到幾乎要跳起來，但說出口的就只有「我很喜歡妳」，這讓我非常後悔。

「我再也不想經歷相同的失敗！」

我懷著這樣的念頭轉換想法，與其告訴對方自己有多喜歡她，不如「提出貼近對方的好問題」。

於是我改問「我記得妳家愛犬的名字是○○對嗎？」「妳喜歡的花卉種類，似乎有一段關於令堂的故事？」等之類的問題，結果對方非常開心。

這樣的成功經驗讓我產生自信，成功確立自己「緊張時更需要提問」的風格。

現在這個時代，幾乎所有人都玩社群媒體。如果事先知道初次見面的對象叫什麼名字，就能輕易得知對方的興趣與嗜好。

如果你也有機會與讓你緊張到幾乎說不出話的人見面，不要只是告訴對方自己的心意，請提出充滿創意、讓對方知道你有多喜歡他的問題吧！

這麼一來，對方也會愉快地敞開心房喔！

田村淳流
提升溝通力
獲得好人緣的祕訣

12

緊張的時候，更要試著提出問題。

和讓你緊張到說不出話的人見面時……

13

初次見面的最佳話題是「非比尋常」

自我介紹的祕訣

日常生活中常有突如其來沉默尷尬的時刻，例如在職場或私人場合，面對陌生人做自我介紹，不少人對於這種場面感到痛苦。

這個時候，我建議你告訴大家自己最不尋常的特質。

許多人都傾向於在自我介紹的時候，告訴別人較為普遍的資訊，例如「我喜歡爬山」或者「我喜歡看電影」等，但這樣無法讓別人對自己留下印象。

尤其在聯誼之類的場合，最重要的是讓別人對自己產生興趣，因此更需要強調自己與眾不同的特點。

這個多數人都不知該如何是好的平凡瞬間，溝通力怪物能夠瞬間讓人放鬆下來。

是否做得到，關鍵就在於能否擁有在閒聊中炒熱氣氛的話題。

尤其是擁有共同體驗的話題，無論是否運用話術，都能縮短與對方的距離。

因此，我個人最常使用的田村淳式經典話題就是：

美味棒。

「請問你最喜歡哪個口味的美味棒呢？」

（譯注：使用粟米粉製作的日本經典棒狀零食，有許多不同的口味。）

這是幾乎所有年齡層都適用的經典話題。

想必很少人劈頭就這麼問，因此別人會立刻對「那個問美味棒的人」留下深刻印象。

而我在問完喜歡的口味之後，接著一定會追問：「你們知道包裝上的那個角色叫什麼名字嗎？」

這個問題幾乎沒有人答得出來。

附帶一提，正確答案是「美味衛門」。

當我再問道：「各位知道美味棒的包裝分別有各種不同的運動嗎？」氣氛幾乎保證會變得活絡。

如果不知道閒聊時該講什麼，請務必試試看。

自己特別在意的喜好是什麼？

附帶一提，我雖然介紹「美味棒」的例子，但談話梗的數量不需要只鎖定一個。畢竟存量越多，能在走投無路的時候幫助你脫離困境。

我再舉自己的其他例子。我從以前就很喜歡電線，無論國內外，只要發現形狀罕見的電線就會拍下來保存。

最近的興趣是尋找「涼圓」小販的旗子。我發現雖然旗子上寫的都是涼圓，不同字體卻會展現出完全不同的氛圍。

就像這樣，只要熱情地談論非比尋常的興趣，就算眼前這個人的溝通力不高，還是會讓人想吐槽：「怎麼會對這種事情感興趣啊？」

畢竟對話的困難之處就在於如何開始。

只要能夠在第一步找到活路，接下來只要順勢聊下去即可。

韓劇、艾草生長的地方、昆蟲、汽車排氣管的種類——只要去找，就能發現無限多的興趣，而運用網路等工具深入發掘，你也能成為某個領域的專家。

請你試著寫出自己喜歡的事情、感興趣的事情。這些在面對陌生人時能夠帶來幫助，請盡量去收集非比尋常的興趣吧！

田村淳流
提升溝通力
獲得好人緣的祕訣

13

提出不尋常的話題。

自我介紹的時候 故意用不尋常的話題留下印象

不會留下印象的話題

興趣是爬山……
喜歡的電影是……
這樣啊……
這樣的
自我介紹，
好像在那裡聽過。

介紹自己不尋常的興趣

我很了解
「美味棒」，
你喜歡哪個口味？
美味棒
這個人的興趣
好特別！
美味棒發言人
「美味棒」嗎？
我喜歡章魚燒
口味吧！

從自己的特殊興趣切入對話，就能成為特別的人。

14

對別人沒興趣時該怎麼辦？

首先挖掘對方的話題

「小淳強大溝通力的祕訣，就在對別人的旺盛好奇心吧！」

我在撰寫這本書時，好幾次從出版社的人口中聽到這句話。

但與此同時，我也發現「很多人都因為對別人沒什麼興趣而煩惱」。

最重要的溝通基礎，確實是對別人感到興趣與關心。

但我也不是對所有的人都感興趣，溝通的時候先假裝有興趣的情況占了大多數。

那麼，為什麼大家會覺得我對別人感興趣呢？

因為我會徹底地深入挖掘，直到找出對方身上讓我感到「有趣」的特質為止。

從「假裝感興趣」開始

就算一開始對別人沒興趣也不需要煩惱。剛開始用演的也沒關係，請展現「我對你感興趣」的態度，慢慢地找出對方有趣的部分。

當然在對話的過程中，不會立刻就挖到礦脈。

有時候聊得多了，反而會感到幻滅，或是讓價值觀的差異更加凸顯。但根據我以往的經驗，任何人都必定存在著「優點」。**只要挖到礦脈，就讓這項「優點」在自己心中徹底膨脹，逐漸培養成「喜歡」的情緒吧！**

接著用「你這個部分真是太棒了！請再多告訴我一點！」來接近對方，大幅縮短與對方的距離。

剛開始或許很難，但只要不斷堅持下去，找到優點的速度就會變快。

而隨著次數增加，就能懷著雀躍的心情邊聽對方說話，邊想：「這個人的有趣之處在哪裡呢？」

當然大家都是人，還是有「合與不合」的問題。如果隨著深入挖掘話題，仍然無法對這個人產生興趣，也不需要勉強自己與他來往。

田村淳流
提升溝通力
獲得好人緣的祕訣

14

試著深入挖掘，直到從對方身上找出自己感興趣的部分。

透過「深入挖掘」找出自己對這個人的興趣

剛開始只是假裝有興趣也無所謂

我不太了解這個人。
你有什麼興趣嗎？
嗯——
我嘗試了很多事情，但是都無法持續。
但這份工作你卻做了很久呢！
因為很有趣啊！工作就是我的興趣！
發現礦脈！
你能夠說得如此斬釘截鐵好厲害！
喔喔！
什麼時候最開心呢？

發現優點就培養成「喜歡」的情緒。

15

礙於情面無法說出自己的想法時，該怎麼辦？

如果眼前的人褲子拉鍊沒拉，你會怎麼做？

前幾天的電視節目在企畫中做了這樣的調查：

「如果發現別人的褲子中露出衛生紙，你會提醒他嗎？」

對於這個問題，多數人的回答都是「不會」，最常見的理由是「擔心說出來之後，可能會讓對方難堪」。

那麼，你會怎麼做呢？

說實在的，褲子中露出衛生紙不是那麼常見的狀況，但像是褲子的拉鍊沒拉，或鼻毛露出來的情況卻經常發生。

這時候，只要對方沒有察覺，周圍的人在心裡偷偷嘲笑或覺得對方很糗的荒誕場面就會持續下去。

當然，沒有提醒對方的人也會感到內疚。

難以啟齒的事，與其直說，不如先試著詢問理由

這時，我的答案不是提醒對方，而是詢問他：「這裡怎麼有一張衛生紙？」

這個方法可以應用在各種場合，好處大致可以分成三點。

第一點是「不會傷害對方」。

提醒對方很有可能會傷害他，但如果用提問的方式，對方就能找到台階下，例如「因為趕時間」等。

第二點則是「能夠保護自己」。

有時候被提醒的人，可能會因而對自己產生敵意。舉例來說，假設你提醒一

位坐姿不雅的女性，說不定會被對方當成性騷擾，指控你看了不該看的地方。

但如果你問對方：「為什麼坐著的時候要把腳張開呢？」藉此減輕對方的敵意，也能保護自己的安全。

第三點則是「可以滿足自己的好奇心」。

我的個性從以前就是遇到好奇的事情一定要開口問，否則就會坐立難安。無論是怪異的行為、奇特的髮型，還是與眾不同的服裝等，對於超出自己理解的人，我一定要問出理由，否則心裡總有一塊疙瘩。

這個方法既能讓自己心情輕鬆，也能拯救對方，對兩者來說是雙贏局面。

如果你曾因為壓抑自己的體貼而感到窒息，不妨先從「問問看」開始嘗試。

田村淳流
提升溝通力
獲得好人緣的祕訣

15

不要開口提醒，請先詢問理由。

16

避免成為「說不停大叔」

培養包容力

像現在這樣逐漸拆解溝通力的過程中，我察覺到有一項特質，在我年輕時最缺乏。

這項特質就是包容力。

當時我總是優先滿足「自己想說」的欲望，無法帶給對方安心感或是心理上的平靜。

這部分在年輕的時候或許還能原諒，但隨著年齡增長到某個程度後，如果包容力仍然沒有提高，就會被周圍的人視為燙手山芋。

你的周遭是否也有這種「說不停大叔」，總是滔滔不絕地說著自己想說的話呢？

他們不斷地說著沒人問的事情。

話題每次都從「我年輕的時候」開始。

完全無視旁人「該適可而止」的氣氛。

當然，這種狀況不只存在於大叔身上，女性或年輕人當中，也存在著類似「說不停大叔」的人吧？

為了避免成為這種人，請把自己想說話的欲望擺在第二、第三。

隨著年齡的增長，更應該成為綜觀全局，整理現場脈絡的存在，能夠注意到「A的意見是這樣」「B的想法是這樣」「C還沒發言，有什麼看法呢？」等。

是否在會議中否定他人？

工作總是伴隨著會議，而隨著年齡增長、職位升高，成為會議主持人，也就是主導會議流程的機會將越來越多。

會議中最需要注意的，就是不要劈頭就否定對方的意見。

會議的首要之務，就是營造能夠積極交換意見的場域。主導流程進行的主持人，如果否定了好不容易提出的意見，就會使氣氛變僵，難以發言。

人有各式各樣的思考方式，當中說不定隱藏了意想不到的出色點子。所以即使有人提出了與自己不同的意見，也不要立刻否定，請暫且先接受吧！

此外，也要隨時懷疑自己的想法可能出錯，擁有立刻重新發想的彈性非常重要。

包容力就像這樣，隨著年齡漸長，在對話中變得重要。如果能夠盡早培養包容力，將能使你大放異彩。

田村淳流
提升溝通力
獲得好人緣的祕訣

16

注意自己是否說得太多，或是否定了別人。

17

一開始就釐清「對話的目的」

會議也是溝通的一部分

我也有很多機會接受線上諮詢，其中上班族最常見的煩惱就是「會議很無聊」。

當我問他們「為什麼覺得無聊」時，他們的回答通常是「會議時間很長，大家的意見卻沒有辦法整合」。

前一節提到的會議，是上班族職涯中的一大主題。

會議也是溝通的一部分。而會議不順利的原因，簡言之就是「目標不明確」。

如果事先釐清會議目標，意見的交流想必就會更加順暢，倘若即使目標釐清了也沒有人提出意見，可以說「看來大家都沒有什麼想法，今天就先到這裡」，將會議提早結束。

既然看不見目標，意見無法整合也是理所當然。若是要開會，請務必提出明確的目的。

試著一開始就表達「我對你有好感」

此外，我認為在私人場合也是同樣的道理。

舉例來說，我與喜歡的女性第一次單獨用餐時，我會趁著第一杯酒送來時就告訴她：「我約妳是因為喜歡妳，所以想要更了解妳。」

或許沒有必要說得這麼直白，但至少必須讓對方知道「我對你感興趣」，否則永遠都無法接近目的。

就算對方坦白說：「我雖然赴約卻沒有這個意思，只是想品嘗美食而已。」

也能及早得知彼此的目的不同，這對雙方而言都有收穫。

而且如此一來也有機會挽回，例如：「既然如此，我們吃完飯就各自回家吧！不過，請在一起用餐的這段時間給我機會。妳願意聽聽我為什麼會對妳感興趣嗎？」這麼一來既不會占用對方多餘的時間，也不會讓對方產生誤解。

很多人聽我這麼說都大吃一驚，因為「我不想要因為一開口就直球告白而破壞氣氛」。但我總覺得難以理解，為什麼不能一開口就破壞氣氛呢？

人生中最有價值的是時間。

沒有什麼比拖延結論導致彼此流失寶貴時間更加遺憾的事了。

我認為，如果希望與別人建立良好的關係，首先必須鼓起勇氣釐清對話的目的，如此一來就能帶來意想不到的好結果。

田村淳流
提升溝通力
獲得好人緣的祕訣

17

一開始就告訴對方「今天的談話是這個目的」。

18

偶爾說出「討厭」也沒關係

為什麼總是壓抑自己的情緒？

提高溝通力時有一項重點。

那就是向對方表明自己的情緒。

雖然每次都會嚇到包含對方在內的許多人，但我在聊天時，如果別人說了我不想聽的話，我會這麼對他說：

「我討厭你說這件事。」

環顧四周，幾乎沒遇過其他人像我這樣明確地向對方表達自己的情緒。絕大多數的人都是將自己的情緒壓抑下來，在當下敷衍過去。

我從來不覺得這樣的態度「很成熟」。

反而會感到疑惑：「為什麼不清楚說出來呢？」

不過，為了保險起見我先聲明，本節的結論並不是要告訴你：「試著鼓起勇氣，說出自己的不悅吧！」

這句話是否能夠順利運作，取決於自己的人設以及與對方的關係有多深。如果盲目使用，將在各種場合造成麻煩。

我想告訴你的是，如果你現在過度忍耐某個人，或是覺得「真討厭」，有個方法可以讓你的情緒變輕鬆。

清楚表達厭惡的情緒和理由

「請停止這麼做。」

「我討厭別人對我這麼做。」

我們都很難對剛認識不久的人說出這樣的話。

不過，當你和這個人在一起的時候，請務必在對方做了你討厭的事情或不可原諒的事情時告訴他，因為就結果來說，這麼做將會使你們的關係更加順利。

如果你是那種當別人做了你討厭的事、說了你討厭的話時，會想辦法敷衍過去的人，請立刻停止這種行為。因為害怕掀起風波而暗自忍耐，無論對你還是對別人都不是好事。

這時請不要嬉皮笑臉，最好每次都盯著對方的眼睛說明理由。

「我無法原諒你剛才的發言。」

「我就是討厭你這個地方。」

溝通的時候，告訴對方自己喜歡的事情、討厭別人對自己做的事情非常重要。

清楚地向對方表明自己的立場。

「為什麼無法原諒？」

「為什麼會討厭？」

對方也會更容易理解自己的價值觀。

即使如此依然當耳邊風的人，就不必勉強相處

有些人聽了之後會反省「原來如此，我會注意的」，這種人今後也能深入往來。

反之，有些人聽了會惱羞成怒，對於這種人，就能明確地拒絕建立關係。

「我就是想要改善關係才說出『討厭』的，如果因為這樣就生氣，那麼再繼續往來也只是浪費彼此的時間。」

如此一來，精神上也會變得非常輕鬆，從今以後也能夠只與價值觀接近的人建立良好的人際關係。

如果你身邊也有人做了讓你厭惡的事情，請明確地表達討厭吧！一旦你選擇敷衍過去，下一次再遇到同樣的事情，還是會感到厭惡。而如果對方持續相同的狀態，最後忍耐就會成為習慣，如此一來，當你和這個人在一起時，就會變成無法自己決定任何事情的人。

難得與對方共度寶貴時光，演變成這種狀態就太可惜了。

不需要害怕。對你而言真正重要的人，必定會確實地接受你的心情。請你清楚地將自己的想法表達出來吧！

田村淳流
提升溝通力
獲得好人緣的祕訣

18

把討厭的事情清楚說出來，更能建立良好的關係。

—— 19 ——

對話中的禁忌

不要否定對方

我覺得駁倒對方似乎成為一股小小的社會風氣。這在由表演建立的演藝圈或許能夠成為一種娛樂風格，但在一般的溝通當中，最好還是停止駁倒對方這種行為。

溝通的目的是與對方建立良好的關係。

如果在眾人面前被駁倒，不要說對你敞開心房了，甚至還可能產生恨意。

前面也提過，**如果想要提高溝通力，請務必記住「絕對不要否定對方」**。

聽到我這麼說，有些人或許會吐槽：

「不不，小淳，你剛剛不是才說『面對合不來的人，請清楚地表達討厭』嗎？」

否定對方，與指出「我討厭這點」不一樣。

我之所以特地指出討厭的部分，前提是「想要改善關係」。

先確實說明這點才表達「討厭」，由此改善關係的情況也不計其數。

否定與指正，相似卻不同

在聊天時駁倒或否定對方，從一開始就沒有想和對方好好相處的意思，反而隱約透露出展現優越感的攻擊性。

舉例來說，假設你有部屬，而部屬總是在工作時偷懶。

你可以不分青紅皂白地斥責他：「你真是個糟糕的人！」但這就是「否定」。

人格本身遭到否定只會留下恨意，日後想要改善關係會更加困難。
相較之下，你應該做的是具體列出部屬讓你「討厭」或「希望修正」的部分，而在這個例子就是「工作態度」，指出「你這個部份我無法接受」，並要求對方改善。
如此一來，對方也不會覺得自己的一切都遭到否定，理解「只要想辦法解決被指責的部分，還是有獲得重新評價的機會」，保留了改善關係的可能性。
由此可知，否定與指正雖然相似，卻是截然不同的概念。
請確實理解這點，並留意避免否定對方。

田村淳流
提升溝通力
獲得好人緣的祕訣
19

可以指正，但不能否定。

「否定」與「指正」相似但不同

他上班總是偷懶……
必須想辦法改善。
呼~~
抖抖
抖抖
否定對方
指出具體應該改善的部分
你真是個
糟糕的人！
哼……
給我記住！
你這個部分
我無法接受……！
缺點
缺點
缺點
點頭
是否有獲得重新
評價的機會呢……
只傳達攻擊性
將會留下恨意
留下改善關係的
可能性

第3章

溝通力為你撐腰

20

有支撐才能變強大

不需要過分害怕人際關係的變化

「為什麼你可以想說什麼就說什麼呢？」

「你是如何鍛鍊自己的抗壓性呢？」

我在電視與社群媒體的言行，經常讓人提出這樣的疑問。

這麼說或許會讓人驚訝，但我的抗壓性沒有像大家所想的那麼強。我以前曾在廣播節目的企畫中發現自己具有ＨＳＰ（Highly Sensitive Person）的特質，也就是俗稱的「高敏感族」。

那麼，身為高敏感族的我，為什麼能夠想說什麼就說什麼呢？

這是有原因的。

原因就是我深信，即使因為自己的發言而失去工作或人際關係，人生也不會就此毀滅。

或許失去這些之後，將難以維持目前的生活水準。但如果思考：「這樣的人生是幸福還是不幸？」我絕對可以幸福地活下去。

最大的理由，就是因為我隸屬於多個社群。

「極樂蜻蜓」真的置身極樂

「極樂蜻蜓」（譯注：日本的搞笑團體）的山本圭一是從我剛進演藝圈時就很照顧我的前輩，讓我知道社群有多麼重要的人就是他。

有些人可能也聽說過，山本先生曾在二〇〇六年爆出醜聞，自此之後就被電視圈封殺超過十年。

山本曾是超人氣諧星，甚至在傳奇人氣節目《帥呆了！》擔任固定班底。但因為這起事件導致他離開東京，搬到鄉下生活，「山本變得落魄」的印象一下子就流傳開來。

我還因為擔心山本，前往他低調隱居的宮崎鄉下探望。

結果山本出乎我的意料，看起來非常幸福。因為他已經獲得了當地人的喜愛，與他們一起衝浪、吃美味的烏龍麵、飲酒作樂，置身於無數的笑容當中。

看到這樣的情景，我深深體會到社群的重要性，原來擁有演藝圈之外的多樣化人際關係，是這麼強大的力量。

擁有心靈的安全基地

山本在鄉下的生活方式，給了我很大的啟發與勇氣。

我因為這樣的契機而開始覺得「應該重視社群」，於是積極投入線上社群的活動，以及建立業界之外的人脈。

人通常隸屬於多個社群，例如職場社群或家庭社群等，如果過度依賴其中某個社群，一旦這個社群瓦解，就會一轉眼就變得不幸。

為了預防這樣的風險，擁有多個社群也能成為人生的強大支撐。

即使其中一個社群搖搖欲墜，其他社群也足以支撐自己，因此能夠以冷靜的心情尋求東山再起的機會。

嗜好、寵物、車、線上社群。

現代因為社群媒體的發展，很容易就能遇見與自己擁有同樣愛好的人。

這樣的場所就是心靈的安全基地，擁有這個基地能夠讓自己更加暢所欲言。

想說卻無法說出口的狀態長期持續，對於心理健康也不好。如果覺得煩惱，不妨就從尋找新的社群開始吧！

田村淳流
提升溝通力
獲得好人緣的祕訣

20

必須擁有多個能夠支撐自己的群體。

隸屬的群體越多
越能夠活出自己

依賴一個社群

我只有這個容身之處，
就算有話想說
也只能忍耐……
公司
PC

隸屬於多個社群

自己有許多容身之處，
能夠活得更自由！
公司
PC
地方
祭
線上

21 給那些「仍然害怕與人交談」的人

我也曾害怕與人交談

「我雖然知道了社群的重要性，卻沒有勇氣加入。」

或許有人讀了前一節之後會這麼想。

這麼一說，想必也有一些人抱持著類似的心理課題吧？例如「害怕與人交談」「沒有自信能夠融入群體」「與別人說話很緊張」等。

所以本節在討論溝通力之前，想要先聊聊抗壓力。

這麼說或許會讓人驚訝，但我也曾有過害怕與人交談的時期。那是我剛從山口縣下關來到東京的時候，我被東京獨特的氛圍淹沒了。

自己的下關口音雖然能與人溝通，但會不會被身邊的人當成鄉巴佬呢？無數看不見的不安與恐懼使我變得退縮。

「再這樣下去不行。」我下定決心，採取了某項行動。

提升溝通力前先訓練「抗壓力」

我做了什麼事呢？

那就是在澀谷最熱鬧的地方，問路人：「澀谷車站在哪裡？」

我每天這麼做，持續了一個禮拜。於是發現了許多事。

例如「別人也一樣來自外地，和自己懷抱著同樣的不安」「這類型的人會為我指路，但那類型的人會視而不見，甚至一臉厭惡」等，看不見的不安轉換成看得見的「數據」，該如何應對也變得明確。這麼做讓我逐漸累積微小的成功體驗，不僅溝通力提高，也培養出自信。

如果你也對溝通力缺乏自信，先跨出一小步吧！例如：

- **在主題樂園問別人：「要不要幫你拍照？」**
- **問排隊的人：「這是在排什麼？」**
- **遇到看起來煩惱的人，問他需不需要幫忙。**

這些都是在對方絕對無法拒絕的狀態下與他交談，想必不會有人露出厭惡的表情。請像這樣累積微小的成功體驗，創造出提升溝通力的正向循環吧！

田村淳流
提升溝通力
獲得好人緣的祕訣

21

找陌生人問路。

累積許多一小步
創造提升溝通力的正向循環！

① 交談
我幫你拿行李吧？
② 透過成功培養自信
我家就在附近，
不過腰痛拿得很吃力。
謝謝你幫忙！
③ 溝通力提升！
LEVEL UP!
還好有鼓起勇氣！
下次還想再嘗試
成長！！
抗壓力
累積微小的成功體驗，
能夠提升溝通力
抗壓力也變得強大！

22

給那些煩惱「自己不有趣」的人

了解「有趣」與「樂趣」的區別

或許很多人覺得我是個「想做什麼就做什麼的人」，但這是誤會。

其實，我不是那種主動以談話來活躍氣氛、娛樂大家的「投手型」人物。

而是那種「**大家開心，我才會開心**」的「捕手型」人物。

所以我在聚餐時也總是環顧四周，注意有沒有人看起來不太開心？是不是大家都還有酒呢？

所以在這裡我想建議你：「**不追求『有趣』，而是要追求『樂趣』。**」

各位或許會感到意外，但「有趣」與「樂趣」截然不同。

「有趣」是什麼呢？舉例來說，根據題目在手板上寫下趣味答案的「大喜利」（譯注：這是一種類似腦筋急轉彎的日本喜劇表演形式，主持人出一道題，參加者則根據這道題目即興想出幽默的答案）等，就屬於有趣的事情。但這是某種專業技能。我當然很尊敬這些專業人士，但幾秒內說出有趣的話，對一般人來說就只是酷刑。

相較之下，「樂趣」的難度大幅降低，選項也有無限多種。

歌舞伎模仿選拔賽

我在線上社群曾舉辦過「帳目就交給勘定奉行的選拔賽」（譯注：「勘定奉行」爲江户幕府掌管財政的職稱）。

這是因為某資訊管理軟體的廣告中，有一幕是臉上塗著白色粉底的歌舞伎演員使了身段後說：「帳目我來辦！」這場選拔賽就是決定誰模仿得最像。我剛啟動這項企畫時，大家都覺得很緊張，心想「小淳又開始搞怪了」，但最後約有三十名社群的成員響應我的號召，寄來他們的影片。

不用說，大家都不是專家，影片的品質遠遠比不上電視節目。然而，普通人臉上只塗著家裡就有的白色粉底，展現出歌舞伎的氣氛，大喊「帳目我來辦！」的姿態，炒熱了社群的氣氛。看在旁人眼中或許荒唐至極，卻有著內部的人才理解的樂趣。

非日常的體驗讓參加的人十分愉快，看的人也很開心。

就算是後悔地想「早知道這樣也可以，我就參加了」，也屬於樂趣之一。

後來推出這支廣告的企業，主動找上門說「務必讓我們贊助這項企畫」，還為優勝者提供了五萬日圓的獎金作為額外獎勵。

「樂趣」以自己為出發點，從自己享受開始。

「有趣」需要相當的技術，但「樂趣」任何人都能創造。

像這樣主動發起活動，先讓自己樂在其中，接著大家都開心愉快就是我的幸福，也是我的工作。

「我想成為有趣的人，卻因為做不到而苦惱。」

這樣的人如果把目標從「有趣」改為「樂趣」，我保證心情一定能夠輕鬆許多。

「我沒有任何專長，沒有自信能夠逗人開心。」

很多人都有這樣的煩惱。不過，根據我至今見過許多人的經驗，可以斬釘截鐵地告訴你，沒有樂趣的人並不存在。

為了證明這一點，在此介紹一位讓我印象深刻的人。

能夠模仿占卜師飯田的人

這個人是社群中的一名成員，名叫雄一郎。我剛認識他時，他也是看起來缺乏自信的青年。

不過，與他多聊幾句後，得到了這樣的資訊：

「我非常喜歡占卜，我把占卜師飯田（譯注：日本知名占卜師，電視節目的常客）的書，以及他參考的占卜書全部讀遍了。」

光是這樣就已經勾起我的興趣，再進一步聊下去之後，他滿懷自信地接著說道：

「其實，我也會模仿飯田先生占卜。」

我的好奇心瞬間爆發，於是告訴他我的生日，請他為我占卜看看。結果他說：

「小淳，您在今年六月可能會有些健康問題，尤其要注意腰部。不過從工作的角度來看，到了年底運勢會逐漸好轉。我想，這應該就是占卜師飯田會說的話。」

線上看到這段對話的人都爆出笑聲，氣氛轉眼間熱烈起來。

由此可知，任何人都具備成為「樂趣」的要素。

田村淳流
提升溝通力
獲得好人緣的祕訣

22

積極表現自己具備的「樂趣」。

23

「超溝通力」時代

即將迎來更加孤獨的時代

溝通能力。

簡稱溝通力。

我確信這項能力在今後將會更加重要。

這是因為每個人分別隸屬於多個社群的必要性，在今後將會更加提高。

而在社群中建立良好人際關係所必備的能力，就是溝通力。

終身未婚率幾乎每年都創下新高，尤其在年輕人之間，越來越多人不介意一個人生活。

這樣的趨勢，或許也可說是像 Netflix 這種訂閱制的影音平台，以及社會上隨處可見的廉價娛樂內容所推動的吧？

但人類是一種矛盾的存在，獨處的時間儘管重要，長期獨自生活卻會讓人感到痛苦。

解決這種困擾的最佳方法，就是參與多個社群。

只有工作與家庭已經不再足夠

社群多半有各自的規則，能夠配合自己的生活型態自由選擇也是魅力。遊走於適合自己，能夠輕鬆參加的社群，就能維持恰到好處的人際關係。

此外，加入社群的意義不只是為了消除孤獨感。

科技的進步永不止息，我們的生活在今後也很可能發生翻天覆地的變化。

二〇二三年初問世的ChatGPT等，讓大家看見ＡＩ技術的全新可能性，想必大家記憶猶新。

ＡＩ在未來顯然將接手人類的工作，許多事物將改由ＡＩ負責。人與人的連結在這樣的時代想必將變得更加重要吧？我覺得只隸屬於職場與家庭這兩個社群非常危險。

因此溝通力變得尤其重要

這種時候更是必須與完全不同世代、職種、居住地的人積極交流，開創自己的全新可能性。

即使是自己覺得沒什麼大不了的事情，獲得他人尊敬眼光的情況也不在少數。

最不了解自己優點的就是自己，所以更需要遇見擅長發現自己優點的人。

田村淳流
提升溝通力
獲得好人緣的祕訣

23

為了加入優質社群，必須磨練溝通力。

我們必須在社群中摸索，開創無限多的邂逅機會。
請務必積極地去認識不同的人。
這個社群將會更進一步發掘出你的魅力。
而你必定會遇見新的自己。
因此請磨練最需要的溝通力。

第4章

改善人際關係的溝通力

24

獲得上司喜愛的技巧

逢迎諂媚並非壞事

請你試著回想自己還是新進員工的時候。是不是有同事明明和自己同梯進公司，卻備受上司喜愛，升遷速度遠比自己快得多呢？

看到這樣的人，你心裡說不定會想「真是個對上司逢迎諂媚的卑鄙傢伙」。

不過，既然讀了這本書，就拋棄這樣的成見吧！我反而覺得本來就應該積極地逢迎諂媚。

大家往往對於「逢迎諂媚」這樣的形容抱持著不好的印象，但實際做起來卻是貼近對方心情，使對方愉快的態度。

即使動機不那麼純粹，只要最後對方開心，也有助於自己升遷，那就沒有理由不去做。

學習戰國第一的溝通力

附帶一提，說到逢迎諂媚，有一個讓人印象非常深刻的人物。

那就是織田信長的侍從森蘭丸。

我過去一直以為豐臣秀吉是信長身邊溝通力最高的人。

然而某段逸事讓我改變想法，聽了之後開始覺得森蘭丸的溝通力遠高於秀吉。信長的個性有點壞心眼，經常會為了考驗部下的能力與機智力，而做一些類似測試的事情。

某天，信長命令蘭丸：

「我剛才忘了關門，你去幫我關上。」

然而，當蘭丸過去時，卻發現門並沒有打開。

（這是主君對我的測試。）

蘭丸察覺到這點後，稍微思考了一下，接著故意大聲地將門重新關上。回來後信長問他：

「怎麼樣？門是開著的吧？」

「不，是關著的。」

「那麼，為什麼我聽到關上門的聲音呢？」

「因為主君您說門開著。如果門其實是關上的，就代表您說錯了，這會使您尷尬，所以我故意大聲關上，讓大家都能聽見。」

森蘭丸深知信長不喜歡彆腳的藉口，因此如實報告情況，又不忘保全主君的顏面。據說就連信長都對他佩服不已。

故事的真偽另當別論，但我聽完之後，就確定自己如果生在戰國時代，絕對能在信長麾下出人頭地。

因為森蘭丸的做法，和我出社會後採取的戰略有許多相似之處。如果我在信長麾下效力，首先就會將他的行動全部記錄下來。

「這時候會他會這麼做。」

「這時候他會喝這種飲料。」

我應該會將他的一舉一動鉅細靡遺地記錄下來吧！

此外，我也一定會經常看到別人惹怒信長，因此會將「信長在什麼情況下會發怒？」視為重點，用特別粗的字體記錄。

像這樣蒐集掌握自己升遷關鍵的人物資料非常重要。

不排斥計算利弊得失

讀到這裡，或許有些人會覺得反感：「為了獲得別人的信賴，非得先計算利弊得失再行動嗎？」

但我在這裡可以斬釘截鐵地說，先計算利弊得失再行動絕非壞事。

真正良好的人際關係，就是從計算開始，並在超越計算時誕生。

為了提升溝通力，獲得別人的喜愛，最重要的就是隨時思考：「該怎麼做眼前這個人才會開心？」

無論是香菸品牌還是常喝的咖啡等，只要覺得「記住這件事，對方絕對會開心」，即使寫筆記也沒關係，總之務必牢牢記下來。除此之外還有無數必須關注的重點，例如對方喜歡的服裝品牌、領帶花紋、休閒鞋品牌等。

人會對珍惜自己的對象敞開心房，有時候會更加喜歡比自己更重視自己所珍惜事物的人。

例如記住孩子或寵物的名字，甚至連生日等都不忘祝賀，這樣的舉動沒有人會不開心。

至於為什麼要提高溝通力？為什麼要讓別人喜歡你？一切都從自己的利益出發，這也無所謂，剛開始純粹為了利益而對別人友善也無妨。

久而久之，你就會逐漸成為一個能夠自然而然讓別人開心的人。

田村淳流
提升溝通力
獲得好人緣的祕訣

24

首先試著從計算利弊得失開始。

25
一〇〇%通過面試的小技巧

短促有力地回答「是」

高中時期以及還不紅的時候，我曾打過無數的工。幸運的是，我從出生至今，一次也沒有在面試中被刷下來過。

讀者中或許有人最近正準備接受求職或打工的面試，在此傳授各位當時我特別著重的溝通力技巧，希望能對這些人多少帶來幫助。

首先第一項技巧是「斷奏式回應」。

所謂的斷奏是指為了讓音樂聽起來輕快，而將音符與音符斷開的技法。我從以前就很注意斷奏的技巧。

舉例來說，都是回應，注意將尾音收掉，短促有力地回答「是！」，會比拉長尾音回答「是——」，更容易讓對方覺得「他有認真聽我說話」。

回應時說：「是！」

打招呼時說：「早安！」

道謝時說：「謝謝！」

僅僅只是這樣一個小細節，就會大幅改變別人對你的印象。

面試的時候不用說，與上司溝通時也可以試著隨時留意這點。

這個技巧適用於所有與地位比自己高的人交流的場合。

「明確」「坦率」「誠實」地闡述動機

接著第二點則是明確闡述「為什麼想進這家公司」的動機。

關於這點，我想分享自己十八歲時的故事。當時，我曾把履歷投到某家以門檻極高而著稱的熱門咖啡店。

這家店的裝潢非常時尚，融入了最尖端的流行元素，店內總是擠滿了年輕女性。

或許是為了配合這樣的氣氛，店員也都是一看就知道是班上數一數二的俊男美女。

就我當時的外貌來看，被拒於門外的可能性很高。

但就連這家店的面試也順利通過了。

後來當我問對方為什麼會被錄取時，才知道自己在面試時說的動機似乎成為了關鍵。

「我想變得受女孩子歡迎。但因為我讀的是男校，幾乎沒有與女生接觸的機會。不過，無論什麼時候來到這家店，裡面都充滿了女孩子。所以，我認為如果能在這裡工作，就會更了解女性是一種什麼樣的生物。我抱持著這樣的想法投了履歷。請讓我在這裡工作，學習如何與女性相處。」

我直接吐露全部的心聲，結果對方笑著說：「你真是個怪人。好吧，明天就來上班。」於是我就被錄取了。

從此以後，即使出了社會，面試也是百戰百勝，而我每次面試都只留意「斷奏式回應」與「明確、坦率、誠實地闡述動機」。

如果你因為面試總是被刷下來而煩惱，不妨試試這兩項技巧。

田村淳流
提升溝通力
獲得好人緣的祕訣

25

誠實坦率地闡述動機。

出乎意料大家都沒做到的面試小技巧

① 斷奏式回應

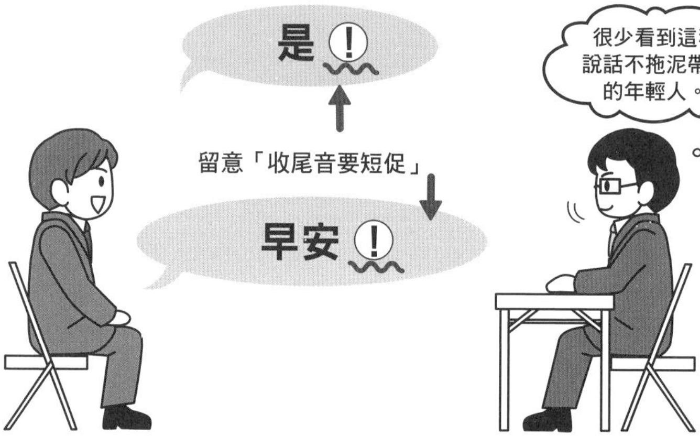
是！
留意「收尾音要短促」
早安！
很少看到這種說話不拖泥帶水的年輕人。

① 「明確」「坦率」「誠實」地闡述應徵動機

我之所以應徵貴公司，是因為想要培養將來創業的實力！
這麼誠實，給人感覺不錯……

別人都不會這麼做，所以能讓人留下深刻印象。

26 與組織和上司的溝通

被罵就是機會

剛出社會的新人在被上司大罵一頓之後，就不敢再去公司的情況似乎時有所聞。

那麼或許該討論「怎麼做才不會被罵」，但完全不被罵又是一件非常困難的事情。

所以我的建議是：「不如就先試著習慣被罵吧？」

那些從來沒有被罵過的人，往往把被罵看作是一件壞事，但事實上，被罵也代表你已經引起對方的注意。

小時候不用說，即使現在已經長大成人，我依然經常被罵。雖然對方有時會火冒三丈，但幾乎不會演變成什麼大問題。

我反倒覺得，如果工作上某個提案遭到上司訓斥：「你以為這種隨便的案子行得通嗎！」就是與上司一口氣拉近距離的好機會。

不要試圖辯解，先讓上司發洩情緒

如果不小心惹上司生氣，你能做的就是先冷靜下來，讓對方罵個過癮。上司說不定也在發洩至今累積的鬱悶與壓力。當他把所有的情緒都發洩出來之後，心情也會變得爽快，自然就願意聽聽你的說法。

這個方法無論對熱血型上司、嘮叨型上司，還是理論型的上司都有效。不需要任何技巧，只要全程傾聽即可。

若是在聽完之後還能清楚表達：

「為什麼你能理解上司想說的內容？」

「你將在日後的人生如何運用上司說的話？」

上司也會認可你的反省，你們的關係想必將更加緊密。

由此可知，被罵絕非壞事。

請記住，只要妥善應對，被罵甚至也可能成為絕佳的機會。

田村淳流
提升溝通力
獲得好人緣的祕訣

26

不要害怕被罵，首先讓對方罵個過癮。

如何應付憤怒的上司

首先讓對方罵個過癮

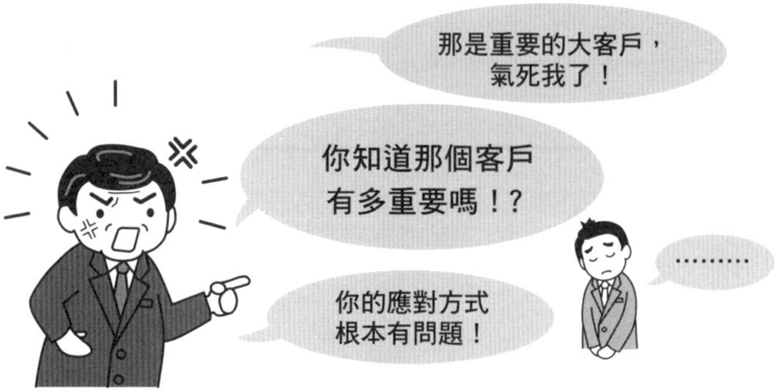
那是重要的大客戶，
氣死我了！
你知道那個客戶
有多重要嗎！?
你的應對方式
根本有問題！
....

確實傳達兩個重點

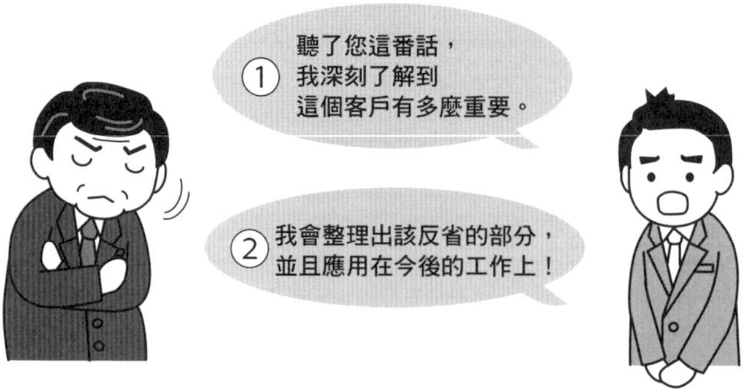
① 聽了您這番話，
我深刻了解到
這個客戶有多麼重要。
② 我會整理出該反省的部分，
並且應用在今後的工作上！

即使被罵，只要妥善應對也有機會扳回一城。

27

道歉的三大鐵則

犯錯時該如何行動？

人生在世，任何人都會犯下某種錯誤。這時與其反省犯下的錯誤，及早補救才是首要之務。

發生問題時的重點有三項。

第一是「**速度**」。

舉例來說，某次發生了一起事件。當時媒體要求我「立刻召開記者會」，雖然經紀公司想勸退我，但我還是不顧阻攔，馬上舉行了記者會。

演藝圈也有很多人在這種時候會選擇「等到準備好再行動」，但多數情況下，拖延只會讓狀況變得越來越糟。

爆出問題時最好立即採取行動。

第二點則是**「開誠布公」**。

有些人在面對記者會上的提問時會拒絕回答，但這並不是個良好的處理方式。對於發生問題的一方，最重要的只有誠實，原則上應該回答所有的問題。

如果實在無法回答，應該坦誠地解釋理由，這麼一來記者也能夠諒解。倘若只是一味地說「無可奉告」，記者也無法完成工作。道歉也是向對方展現誠意的機會，因此請盡可能坦誠地回答所有能夠透露的內容。

最後第三點是**「表明反省點與改善點」**。

「這個地方沒做好，我完全承認錯誤。同時日後將會進行這樣的改善。」像這樣整理問題並道歉，才能有效解開對方的誤會。

道歉是獲得信任的機會

總結來說，遇到問題時，最重要的三點就是：

・速度。

・開誠布公。

・表明反省點與改善點。

沒有人完全不會犯錯，重點就在於「犯錯後」的處理態度。請你記住，如果能夠妥善處理，反而會讓人覺得「這個人很誠實」，並成為獲得信賴的機會。

雖然藝人的記者會是有點偏離日常生活的例子，但也是一種與社會溝通的形式，在公司或社群活動中也適用。

「如果自己犯錯了該怎麼辦呢？」

希望你可以思考一下這個問題，並當成日常生活的智慧運用。

田村淳流
提升溝通力
獲得好人緣的祕訣

27

「速度」「開誠布公」「表明反省點與改善點」這三點是道歉的關鍵。

28

面對部屬的溝通力

平時的「稱讚」有助於「批評」

「我不知道該如何指導部屬。」

我的社群成員以四十多歲的人居多。這些人在公司中也往往處於必須領導組織的地位，因此經常有人來向我請教這樣的問題。

不知該如何與部屬溝通的人，在這個世界上比比皆是，在此就和這些人分享我與部屬的溝通方式。

方式就是「平常就要毫不吝惜地稱讚部屬的優點」。

常有人說「當部屬犯錯時，應該先稱讚再告誡」。但如果平常不太稱讚人的上司，在告誡之前先稱讚，不僅會使部屬感到困惑，甚至很可能會讓他們覺得「這位上司想用話術來控制我」。

所以平常沒事就應該多稱讚他們。

如此一來，犯錯時才能有效告誡。

建立這樣的關係，靠的也是平時累積的溝通力。

不要吝於傳達優點

我在演藝圈工作，可能會讓人覺得工作環境比較特殊，但藝人也是人，開心的時候會笑，難過的時候會沮喪，都是擁有普通情緒的普通人。

當我與經紀人或節目製作人等工作夥伴見面時，會特別注意一件事。

那就是「盡快找出對方的優點，並將其告訴對方」。**這個時候「告訴對方」比「找出來」更加重要。**

人際溝通中，最重要的就是對他人的尊重。

就是因為對方擁有讓你打從心底尊敬，覺得「這個人真厲害！」的優點，才能接受對方的不足之處。

而且人類很奇妙，一旦找到一個優點，就更容易接連發現其他值得尊敬的優點，覺得「原來對方還有這些厲害的地方」。

根據我的經驗，完美無缺的人固然罕見，但也同樣很難找到完全沒有任何值得尊敬之處的人。

因此，當你在職場上認識新同事時，請試著全力找出他們的優點，並且毫不猶豫地告訴對方吧！

不要過度恐懼職權騷擾和精神騷擾的詞彙

我一旦決定把工作交辦出去，基本上就不會再多說什麼。

因為我相信，與其指手畫腳，自由發揮才能夠讓對方最大限度地展現能力。

不過，為了提升工作品質，還是會遇到無論如何都必須指出對方失誤的時候。

這時的重點就如同前面所說，在指出失敗點之前，首先「平常就應該多稱讚對方的優點」。

從我過往的經驗來看，責備通常沒什麼意義。劈頭就罵只會使對方退縮，達不到效果。

因此，我會先讚美對方做得好的部分，接著建議：「不過，如果能把那個部分改進一下會更好。下次可以試試看嗎？」這樣對方通常會愉快地回答：「好的，我會試試看！」

不過，沒做好的地方當事人最清楚，如果所有部分都稱讚，對方也會覺得不太對勁吧？

因此請留意順序，從「平常就稱讚」開始，接著才指出需要改善的地方。

「職權騷擾」與「精神騷擾」之類的詞彙，在現今職場時有所聞。

這固然是我們身為上司必須留意的問題，但我認為只要平常打好關係，就不需要過度恐懼這類詞彙。各位同意嗎？

田村淳流
提升溝通力
獲得好人緣的祕訣

28

平常就毫不吝嗇地稱讚對方的優點。

指出對方的失誤需要有所準備

哈哈～
你總是幫了我
很多忙呢！
不過你交給我的
這份企畫書……
只有在犯錯的時候
才會稱讚我……
伎倆被
部屬看穿

利用平常的相處方式改變對方的印象

你平常用字遣詞
品味就很好呢！
就算是
雜事也不偷懶，
很棒！
之後
你交給我的
這份企畫書很棒！
不過有些細節
需要調整……
上司平常
就很關注我，
我就好好聽他說吧！

提出告誡之前，平常就需要稱讚部屬的優點。

29 保持良好伴侶關係的溝通力

不忽視對方的負面情緒

離婚在現代變得理所當然，據說每三對伴侶就有一對離婚。

而離婚理由中，最常見的就是「個性不合」，但就我的經驗來看，這不單純只是缺乏磨合嗎？

我想問題就在於溝通不足。只要經過一定程度的溝通，理解彼此的價值觀，個性還是能夠磨合的。

可能有很多人認為，最理想的關係就是彼此默契十足、心靈相通，但這終究只是理想。

實際上並不是「就算不說對方也懂」，而是「如果不說出來，對方就不會懂」。

我在伴侶關係中特別留意的事情

今年是我們夫妻結婚的第十一年。幸運的是我們能夠一直維持完全沒有爭吵的關係。

雖然夫妻關係順利的最主要原因是妻子的理解，她對我說「請你過自己想過的日子，因為那就是我的幸福」，但在伴侶關係中，我會特別留意關注妻子的心情，也就是「記住她說過的話」。

舉例來說，假設你的妻子或女友，總之就是伴侶，在睡前抱怨「頭好痛」。

這時候你會怎麼說呢？

我能想到的，第一句該說的話就是「妳頭痛嗎？沒注意到真抱歉」，接著在隔天早上起床時我會再問她：「頭痛還好嗎？」

只憑這兩句話，就能獲得對方的信賴，讓她覺得「昨天說的事情你過了一晚還記得，而且還為我擔心」。男性總是健忘，然而當對方發出求救訊號時，絕對不能置之不理。

「喔，這樣啊。」像這樣對伴侶興趣缺缺的表現，累積起來將會使彼此之間的信賴關係逐漸出現裂痕。

雖然說要「注意對方，記住他說過的事情」，但也不是什麼都得記住。其中最重要的就是**絕對不能忘記對方的煩惱，並展現自己的體貼**。記住對方的正面訊息固然沒錯，但記得負面訊息遠遠更加重要。

你有貼近對方的情緒嗎？

「喂，你到底有沒有在聽我說話啊？」

「我有在聽啊！你到底是哪裡不滿？」

這段對話出現在許許多多的伴侶之間，並成為吵架的根源。你可能也多次看過這樣的場景，甚至親身體驗過。當我在演講中提到這段對話時，總會看到有人苦笑，有人點頭。

當這件事情還能一笑置之時還算好，但其實這往往將導致嚴重的溝通不良。一方以為自己有在聽，另一方卻感到不滿意。

這種無論古今中外都反覆上演的誤會，為什麼會發生呢？

最主要的原因就在於缺乏同理對方的心意。

就像我在前面提到笑容的重要性時曾告訴大家，「如果看起來不像在笑就沒有意義」，因此強調在鏡子前面練習笑容的必要性。

這個問題也是同理，如果對方不覺得你有在聽，那就沒有意義。

重複和提問能夠改善關係

那麼，該怎麼做才能顯示自己有在認真聽呢？

我們與伴侶說話時，必須注意兩件事情。

首先在每一個重點部分點頭，並重複對方的話。

舉例來說，假設我的妻子描述在幼稚園和女兒一起玩的朋友。

這時我只要複述妻子跟我說的話，例如「這樣啊，女兒交到這樣的朋友」，她就會安心地繼續說下去。

不過，如果從頭到尾都只是重複對方的話，可能會讓人懷疑你是否真的對這個話題感興趣。為了避免這種情況，下一步該做的就是——

伴侶講完之後，一定要提出問題。

為了能夠提出問題，專心聽對方說話就變得很重要。

因此，如果聽伴侶說話時隨時思考「等等可以問這個，可以問那個」，溝通就會更順利。前面提過不能在對方說話時打斷他，這種情況下也是同理。

請在對方的話題告一段落時問他兩、三個問題，例如：「這個朋友住在哪裡呢？」

如此一來就能帶給對方安心感，讓他心滿意足地覺得「這個人有認真在聽我說話」。只要記住這項技巧，就能獲得非常實用的溝通力。

田村淳流
提升溝通力
獲得好人緣的祕訣
29

伴侶關係中，體貼占九成。

對方是你選擇的心愛伴侶，只要用心聆聽，你們的關係就會有顯著的改善。

改善伴侶關係的兩項技巧

① 留意對方的負面訊息

刺痛
刺痛
下雨天就會頭痛……
這麼一說，你今天頭痛還好嗎？
哇，你竟然記得！

② 利用重複與提問貼近對方

昨天我和朋友一起去排新開幕的咖啡店……
哇！這間咖啡店這麼紅。
他有認真聽呢！
提問
話說回來，這間咖啡店最好吃的是什麼？

30 面對孩子的溝通力

站在與孩子對等的立場進行溝通

「孩子都不聽話。」

無論哪個時代，都有許多父母為此而煩惱。

不過就我來看，讓孩子聽話並不困難。該怎麼做呢？只要站在對等的立場與孩子做約定即可。

如果孩子只有兩、三歲，那麼不聽話也完全沒問題。我腦海中的對象是六歲左右，差不多快上小學的孩子。

我會基於這個前提，與女兒約定「收好玩具後就一起玩扮家家酒」。因此當女兒沒有收拾時，我就會說「如果妳不遵守約定，爸爸也不想遵守約定」，於是她通常會露出不好意思的表情開始收拾。

像這樣事先做好約定的效果非常好，但如果我們自己不遵守約定，也當然必須受到譴責。

如果這時強詞奪理地說「爸爸是大人，所以會有無法遵守約定的時候」，想必會立刻瓦解孩子對我們的信賴，之後就很難再讓他聽話。

約定建立在對等的關係，是不變的鐵則。

如果無論如何都無法遵守約定，應該誠實道歉並答應孩子「請讓我用這種方式補償」，並且下次務必遵守。我認為在把自己當成父母之前，首先應該將彼此視為擁有同等人格的人，這將成為未來時代親子溝通的基礎。

溝通力越早培養越好

理所當然地，我也很疼愛自己的孩子，兩個女兒都是我的寶貝。所以我會傳授她們在未來漫長的人生中，我所認為最重要的能力，而這項能力就是溝通力。

當然，我總是提醒女兒第一章寫到的田村淳流ＳＮＳ三句魔法「好厲害」「原來如此」「是這樣啊」，並且在正確使用時稱讚她們。更重要的是為了讓她們在無意識當中聽到這三句話並受其影響，我在與妻子的對話中也會有意識地經常使用。

前不久發生了一件令我開心的事情。某天我答應陪大女兒練習翻單槓，於是兩人一起去公園。

我坐在長椅上，從稍遠的地方看著她，這時坐在對面長椅上的一位老婆婆開始對我女兒說話。

我看著她們心想「不知道在聊什麼」，但她們聊了很久都沒有停下來，不知不覺聊了將近一個小時。

「到底在聊什麼呢？」

我為了聽聊天內容悄悄靠近她們，結果聽到女兒邊使用著「好厲害」「原來如此」「是這樣啊」三句魔法，邊問老婆婆許多問題。

老婆婆看起來很開心地對女兒說了許多話。

我看到這一幕感到非常欣慰。女兒在未來的人生當中，也一定會發生許多事情。但我希望她能夠運用溝通能力，堅強地活下去。我希望她能夠興致勃勃地聽別人說話，獲得好人緣。

我深信孩子也能提升溝通力。而且越早開始培養，孩子的未來就會更加多采多姿。

這取決於孩子身邊的大人平常使用什麼樣的話語，進行什麼樣的溝通。

這麼一想就覺得，我們這些大人也應該注意平常在孩子面前不經意使用的詞彙。

田村淳流
提升溝通力
獲得好人緣的祕訣

30

與孩子對等地談話，並且有意識地讓他們聽到高品質的對話。

與孩子溝通時
必須注意的事情

站在對等的立場約定

不是約好
去遊樂園？
大人有時候
也會有一些狀況。
不是約好
去遊樂園？
抱歉！
為了補償，
我們下週去吧？
好啊～～

有意識地讓孩子聆聽溝通力高的對話

Sugoi
好厲害！
……是吧！
所以我呢……
Naruhodo
原來如此！
就是這樣。
Sounanda
是這樣啊！

— 31 —

面對父母的溝通力

如何避免在與父母的溝通中留下遺憾？

我有個問題，你最近和父母聊天是什麼時候呢？

如果與父母同住，或許平常就會和他們聊天，但每個人都建立了各自的生活型態，能夠好好聊天的機會，與以前相比也逐漸減少。

核心家庭在現代變得理所當然，不與父母同住的人應該也很多吧？

如果遠離自己出生長大的老家更是如此，與父母的關係想必自然而然變得疏遠。

「等下次有空的時候再聊就好。」

如果總是這麼天真，說不定下次回過神來已經是葬禮了。

我的母親在二〇二〇年過世。

「如果多跟她說點話就好了。」

「如果多抱抱她就好了。」

母親的離去，讓我經歷了後悔莫及的悲傷。

我不希望各位也品嘗到這樣苦澀的心情，因此深切地希望大家能夠定期地創造與父母溝通的時間與機會。

成為家庭中的溝通樞紐

與父母對話也是溝通力的一大要素。

為了加深家人之間的羈絆，最重要的是家庭中必須有人擔任溝通樞紐（核心）。

現在回想起來，田村家一直都是由母親擔任這個角色。

即使我上了東京，每逢生日、暑假或接近年節時，母親總是會與我聯絡：「要不要全家聚一聚？」就算不是什麼紀念日，她也會頻繁關心「你有沒有好好去做健康檢查」等。

雖然她的關心有時讓我有點煩，但現在深深感謝母親，正因為她擔任了樞紐的角色，我才有這麼多與家人說話的機會。

現在母親去了天國，我心想「接下來得由我擔起這個角色」。因此問父親與弟弟：「什麼時候可以聚一聚？」並調整日期與時間，就成了我的任務。

父親在失去母親之後獨自生活，我特別留意避免讓他覺得孤單，例如寄燒酎給他，或是為了方便他與孫女交流做好設定，讓他能夠透過孫女目前著迷的遊戲進行線上對戰。

如果你的家族中沒有人主動承擔這個角色，那麼不妨由你主動擔任吧！

這可能會有些辛苦，但正如諺語所說的「子欲養而親不待」，父母不會永遠健康地陪伴在我們身邊。為了避免後悔，請積極地與還健在的父母溝通吧！

「成為溝通樞紐」，這是能夠對父母與家庭發揮的一項溝通力。
如果本書有幸成為這樣的契機，我將會非常欣慰。

田村淳流
提升溝通力
獲得好人緣的祕訣
31

積極成為家中的溝通樞紐。

第5章

如何吸引真正的好人脈

32

把「難以啟齒的話題」說出口的溝通力

難以啟齒的事情，更要及早說出口

溝通的時候，偶爾也會遇到想要極力避免的場面吧？

例如報告工作上的失誤、拒絕興趣缺缺的邀約等，想必很多人都經歷過這種「儘管難以啟齒，卻必須說出口」的狀況。

這種時候，我認為最重要的就是必須及早傳達。

很多人都說「壞消息要先壓著，好消息則立刻報告」，但對我而言卻是完全相反。

好消息拖得再久都無所謂，壞消息卻必須盡可能提早告知。

如果能夠順利地瞞天過海當然沒有問題，但既然逃不掉，就盡早讓對方知道吧！

如同我在〈道歉的三大鐵則〉中提到的，無論是道歉還是傳達壞消息，速度至關重要。

若是不斷拖延，甚至可能演變成任何人都無力回天的重大問題。

正因為抗壓性低，討厭的事才要盡快解決

那麼，我實際上是如何報告壞消息的呢？如果對方是經紀公司的上司，我會鼓起勇氣直接傳「我想向您報告一件難以啟齒的事情」的訊息給他。

這麼一來，對方也會好奇地問：「什麼事呢？」

對此我會回答：「雖然可以現在就透過訊息報告，但我也希望能夠清楚說明自己的想法，因此請給我一點時間。」

透過這種方式，就能在與上司見面的時候，直接從難以啟齒的話題切入，心情也會輕鬆許多。

有些人聽了之後會說：「小淳，你的抗壓性真高，能夠立刻把難以啟齒的話題說出口。」其實不是這樣的。

我不是抗壓性高，而是抗壓性低，所以藏不住事情。

就我來看，能夠把問題放在心裡遲遲不說的人，遠遠具有更高的抗壓性。

如果你習慣拖延問題，請認真思考：「如果持續置之不理，最後會演變得多嚴重？」

我想就能理解及早報告有利得多。

傳訊息時壓力最大，但只要跨過這道門檻，之後就沒問題了。

請懷著勇氣跨出這一步吧！

田村淳流
提升溝通力
獲得好人緣的祕訣

32

先處理討厭的事情，就能活得更輕鬆。

33

不執著自己的想法，靈活接受良好建議

我總是選擇最佳方法

說不定有很多人對我的印象是「絕不改變自己想法的頑固傢伙」。

然而事實上，我不會否定別人的意見，甚至如果對方的意見能夠讓我認同，我也會改變自己的想法。「就算今天是右，明天也可能是左」，像這樣一百八十度轉換方針也是家常便飯，因此經常讓周圍的人感到困惑。

不執著於自己的意見，當新的資訊或科技誕生時，靈活地改變想法，這在未來瞬息萬變的時代是非常重要的能力。

為了選擇最佳方法，不固守原本的思維，毫不猶豫地改變過去的方式，這也是一種面對時代潮流的溝通力。保有彈性是你與變動時代打交道的重要力量。

如何成為真正的強者？

無論個人感受如何，時代都依然持續改變。

「我一直以來都是這樣，突然要我改變怎麼可能做得到。」

不管人們再怎麼大聲吶喊，時代依然默默地變化，彷彿就像在說「你說的沒錯，但未來就是這樣」。

這也意味著，越能夠靈活應付變化的人，越有機會成為在時代中存活下來的強者。

舉例來說，製作佛龕的工匠擁有非常高超的技術，但如果建議他們「不妨將這項技術也應用在其他業界」，頑固的工匠往往無法接受。

反之，思想靈活的工匠，則會主動思考：「其他業界也願意應用這項技術嗎？」進而不斷地開拓新的道路。

今後隨著ＡＩ與機器人技術的加速發展，大幅改寫過去常識的可能性將大幅提高。

彼此的靈活性，是良好人際關係的關鍵

人際關係也是同樣的道理。

世界上有各式各樣的意見，這些意見往往遠比自己原本的想法更優秀、更合理且更進步。

這時是要排斥這些意見，認為「我有我的想法」，還是要接受這些意見，覺得「這個想法真棒，請務必也讓我參考」，不僅會影響自己今後的成長，也會大幅改變與對方的關係。

回過頭來看，人際關係的糾紛大部分都是在「固執己見」或「缺乏接受對方意見的靈活性」時發生。

當我們遇到不同的觀點時，不妨反思一下：「我是否固守過去的想法？是否願意聆聽他人的意見？」

在這個多元的時代，能否在與人溝通時保有靈活性至關重要。請同時培養配合時代變化，將自己擺在適當位置的靈活性吧！

田村淳流
提升溝通力
獲得好人緣的祕訣

33

培養隨時代變化的能力。

無論是自我成長
還是人際關係都需要靈活性

明明還有
這個方法……
我有我的做法！
明明想要
教他的……

缺乏靈活性將停止成長，
也可能造成人際關係不順利

這個方法
如何呢？
還好有採用！
這麼做
更有效率喔！

展現「傾聽」的姿態，不僅能夠獲得好處，
也能與周圍的人擁有良好關係

34

願意傾聽的人能創造歸屬感

田村淳的成人小學

傾聽讓人更容易成功。

真正的溝通力就是「讓對方愉快說話的能力」。

我已經多次強調這個觀念。

我經營的線上社群《田村淳的成人小學》的學生向我證明了這點，而本書便以此為基礎誕生。

我在二〇二〇年開設這個社群時，許多參與者都抱怨自己「不擅長建立人際關係」，他們無一例外地努力想要表達自己。

因此我首先建議學生將注意力擺在「傾聽」而非「發言」，並在進入Zoom會議軟體後設定互相提問的時間，於是大家紛紛反映「這麼一來輕鬆多了」。

他們異口同聲地表示：「自己說話時會緊張，但傾聽者可以進行一定程度的準備，而且只要把當下想到的事情、覺得疑惑的事情直接提出來即可，做起來簡單多了。」

人們總是渴望正面的回應

因為這樣，「先聽別人說話」的文化，在《田村淳的成人小學》中逐漸奠定下來。

所以現在即使有第一次加入的新人，大家也會自然而然地提出一連串的問題。例如：

「你從哪裡來的？」

「為什麼想加入？」

「你想實現什麼樣的目標？」

每個人都希望自己說出來的話能夠獲得良好的回應。

能夠藉由大膽地回答問題，獲得「被接納」的安心感，以及「我可以待在這裡」的歸屬感。

而獲得傾聽的人，當下次有新的人進來時，也會想聽對方說話。

我在《田村淳的成人小學》中，每天都深刻體會到溝通力的重要性。

不必為朋友少而煩惱

「能不能交到一百個朋友呢？」

日本的小學入學典禮必唱歌曲〈升上小學一年級〉的歌詞中有這樣一句話。

我從以前就對這句話感到疑惑。

而在過了四十多年的今天，我更加確定「當時的感覺沒有錯」。

因為回顧至今為止的人生，確實認識了許許多多的人，但能夠讓我懷著自信，明確稱呼對方為「朋友」的人，遠遠不及一百個。

我不僅不引以為恥，甚至還因為自己交到了「由衷慶幸能夠認識」的朋友，而感到幸福。

但我覺得，小時候對這首歌印象深刻的人，卻被「朋友一定要多」的觀念所支配，即使面對自己不喜歡的人，也會勉強與之維持友好關係。

我想要大聲地對那些認為「朋友一定要多」的人說，你不需要與所有人都維持良好的關係。

為了傳達這個觀念，我會請新加入《田村淳的成人小學》的人，將〈升上小學一年級〉的歌詞從「能不能交到一百個朋友呢？」改成「能不能交到四、五個朋友呢？」之後再重新唱一遍。

很多原本被「朋友一定要多」的想法束縛的人，在重新唱了這首歌之後，露出笑容表示「心情輕鬆多了」。

倘若你也因為「朋友少」而煩惱，就放下這個想法吧！

如果你有四、五個真正重要的朋友，並且能和他們確實擁有心靈上的交流，那麼我想這樣的人生已經是無上的幸福了。

我要告訴你的不是——

「與許多無關緊要的人建立連結的溝通力」。

而是——

「與真正喜愛的人建立深厚連結的溝通力」。

田村淳流
提升溝通力
獲得好人緣的祕訣

34

能夠與真正喜愛的人交心。

35

只要擁有溝通力，甚至能夠實現夢想

給夢想和目標被否定的你

植松電機的社長植松努先生所說的「實現夢想的祕訣」，讓我再次感受到溝通力的威力，在此介紹給大家。

植松先生從小就擁有許多夢想。

周遭與家裡的人都稱讚並支持他的夢想，但也有很多人告訴他「這樣的夢想不可能實現」。

你的夢想與想做的事情，說不定也遭到否定。

但植松先生卻說，與那些未曾實現自己夢想或目標的人商量，也只會獲得無法做到的理由，無法幫助你實現夢想。

實現夢想的最佳方法

那麼，該怎麼做才能實現夢想呢？

植松先生的回答是：

- **找出實現夢想的人，並與他成為好友。**
- **為了遇見這樣的人，頻繁地與周圍的人分享自己的夢想。**

反思我自己的經驗，至今為止之所以能夠實現如此多的夢想，就是因為運用了溝通力，與實現夢想的人成為好友、接近實現夢想所需的人，並獲得他們的幫助。

話雖如此，我也不是從一開始就順利，遭到否定、被潑冷水、不被理解的情況也很多。

然而，隨著我磨練溝通力，將夢想與目標告訴許多人，夥伴開始出現，願意協助我的人也越來越多。於是我現在得以實現許多夢想。

你或許也不是從一開始就順利，是請不要氣餒。只要利用本書提高溝通力，持續地將自己的夢想與目標傳播出去，願意協助你的人必定會出現。這個時候，你的夢想也一定能夠實現。

田村淳流
提升溝通力
獲得好人緣的祕訣

35

持續將夢想與目標，傳播給遇見的人。

接下來，你要找誰說話呢？

結語

溝通力將成爲一生的財富

感謝各位讀到這裡。最後的結尾，想介紹催生這本書的人與我之間的故事。

我至今遇過數不清的人，也遇過許多的「溝通力怪物」。

其中有一位最近認識的溝通力怪物，讓我印象最為深刻。接著就讓我介紹與他認識的經過。

他就是策畫這本書的永松茂久，同時也是《共感對話：1分鐘讓人喜歡的對話術》《成為讓別人快樂的人：母親留給我唯一重要的東西》的作者，前一本書創下連續三年在日本商業書籍排行榜蟬聯第一的驚人紀錄。我現在都稱呼他為「阿茂」，接下來也讓我如此稱呼。

我們第一次見面是在我的廣播節目上，阿茂擔任來賓。節目中，我從自己感興趣的各種領域邀請來賓，請他們接受訪問。而他的開場方式與其他來賓完全不同，一開口就問我：「小淳，你平常主持的時候，最重視的是什麼呢？」

結果一不小心，就變成我在接受他的訪問了。阿茂在這次的交流中對我說：「小淳，請你一定要寫一本關於溝通的書，我願意幫忙。」這句話成為現實，這本書的企畫於是展開。

從此之後，我們經常一起喝酒喝到茫，對各種事情發表真實感想，最後催生了這本書。

這本書雖然由我執筆，但之所以能夠誕生，可以說都要歸功於阿茂在背後運用「超溝通力」，深入挖掘我的話題。我現在打從心底覺得，擁有溝通力的人，能夠創造出無限大的可能性。

阿茂，真的很感謝你為我創造了這麼棒的機會。

「這本書寫的都是一些簡單的事情。」

我在〈前言〉中如此提到，但這麼做還有另一個理由。

那就是因為我希望「這兩個人」能夠早日讀到這本書。

我在幾年前進入研究所進修，當時的主要研究題目是「遺書」。理所當然，我的生命也有極限，我也不知道那天什麼時候會到來。而親身告訴我這件事的，就是二〇二〇年去天國的母親。

「為了在那天來臨時不會感到遺憾，我希望持續將最重要的事情留給最重要的人」，我一直都懷著這樣的想法生活。

對我而言，這本書是遺書的溝通篇。

最重要的讀者，就是我的兩個女兒。

雖然她們還很小，但我希望當哪天她們碰壁時，或是人際關係陷入迷惘時能夠閱讀本書。我在撰稿的時候，抱持著這樣的願望。

給女兒。

謝謝妳們總是支持爸爸。

當妳們遇到困難的時候，請告訴爸爸或媽媽。爸爸媽媽隨時都會聽妳們說話。

哪天妳們遇到煩惱或迷惘的時候，如果這本書能為妳們帶來幫助，爸爸媽媽都會很開心。

致幫助這本書問世的「SUBARU舍」出版社的德留慶太郎社長、上江洲安成總編輯、吉本龍太郎編輯以及原口大輔所率領的各位業務部同仁。

致為本書企畫編輯的永松茂久出版辦公室的池田美智子、山野礁太。為本書製作影片的佐佐木啟、製作人佐佐木笑。

真的非常感謝你們。能夠與持續保持日本第一的出版團隊共事，讓我學到了非常多，也相當樂在其中。

希望能有機會再次與你們合作。

致社群《田村淳的成人小學》的各位，因為有你們平常提出的問題作為基礎，這本書才得以誕生。接下來也讓我們一起持續提升溝通能力，共同創造美好的未來吧！

真的很感謝大家的溫暖支持。到了這把年紀還能夠單純地與大家一起從事愉快的活動，是我人生中的寶藏。

最後，致每一位拿起這本書的讀者。

真的很感謝你們透過這本書與我相遇。

提升溝通力能夠改變人際關係。

提升溝通力能夠吸引更多笑容。

提升溝通力能夠讓每一天都變得更愉快。

願你能夠獲得這樣的未來。

田村淳

Eurasian Publishing Group
圓神出版事業機構
用心與你對話・視野無限寬廣
方智出版社
Fine Press

www.booklife.com.tw　reader@mail.eurasian.com.tw

生涯智庫 223

溝通力不是天賦，而是技術：

田村淳教你大受歡迎的說話祕訣

作　　者／田村淳
譯　　者／林詠純
發 行 人／簡志忠
出 版 者／方智出版社股份有限公司
地　　址／臺北市南京東路四段50號6樓之1
電　　話／（02）2579-6600・2579-8800・2570-3939
傳　　真／（02）2579-0338・2577-3220・2570-3636
副 社 長／陳秋月
副總編輯／賴良珠
主　　編／黃淑雲
責任編輯／林振宏
校　　對／林振宏・胡靜佳
美術編輯／金益健
行銷企畫／陳禹伶・林雅雯
印務統籌／劉鳳剛・高榮祥
監　　印／高榮祥
排　　版／莊寶鈴
經 銷 商／叩應股份有限公司
郵撥帳號／18707239
法律顧問／圓神出版事業機構法律顧問　蕭雄淋律師
印　　刷／祥峰印刷廠
2025年3月　初版
2025年7月　4刷

CHO KOMYU RYOKU

定價 320 元　ISBN 978-986-175-830-5　

覺察並破除卡住自己的限制性信念，調整能量頻道，一步步打造出顯化肌肉，讓你不假外求，靠自己的力量改變人生。

——《你的宇宙訂單已到貨！小魔女九粒的顯化養成指南》

國家圖書館出版品預行編目資料

溝通力不是天賦，而是技術：田村淳教你大受歡迎的說話祕訣 / 田村淳著；林詠純譯. -- 初版. -- 臺北市：方智出版社股份有限公司, 2025.03
208面；14.8×20.8公分 --（生涯智庫；223）

ISBN 978-986-175-830-5（平裝）
1.CST：傳播心理學 2.CST：溝通技巧 3.CST：說話藝術
177.1 113020794